Knaur
MensSana

Über die Autorin:

Angelika Ißlinger ist Heilpraktikerin mit eigener Praxis in München. Ihre Arbeitsschwerpunkte umfassen die Gebiete Homöopathie und Energiearbeit auf der körperlichen, emotionalen, mentalen und spirituellen Ebene. Dabei hat sie sich besonders auf den Schutz und die Stärkung des menschlichen Energiesystems spezialisiert.
Neben Einzelsitzungen bietet sie Seminare zum Thema Energiearbeit an.
Für Seminarinformationen:
Angelika Ißlinger
Telefon 089 - 26 39 50
www.angelikaisslinger.de

Angelika Ißlinger

Innere Stärke gewinnen

Anleitung zum energetischen Selbstschutz

Mit zahlreichen Abbildungen

Knaur MensSana

Besuchen Sie uns im Internet: www.droemer-knaur.de
Alle Titel aus dem Bereich MensSana finden Sie im Internet
unter www.knaur-mens-sana.de

Aktualisierte und erweiterte Originalausgabe Januar 2006

Dieser Titel erschien in einer früheren Fassung
im Knaur Taschenbuch Verlag unter der Bandnummer 87129.

Umschlaggestaltung: ZERO Werbeagentur, München
Umschlagabbildung: Angelika Ißlinger
Druck und Bindung: GGP Media GmbH, Pößneck
Printed in Germany
ISBN-13: 978-3-426-87269-7
ISBN-10: 3-426-87269-2

2 4 5 3

Inhalt

Teil 2

Vorwort

Jeder kennt das Gefühl, bei Begegnungen mit anderen Menschen gestresst oder überfordert zu sein. Jeder hat schon einmal erlebt, dass er Prüfungsangst hatte oder dass ihm während eines Gesprächs scheinbar der Boden unter den Füßen weggezogen wurde. Sicher haben Sie selbst schon einmal den Eindruck gehabt, von einem anderen regelrecht umklammert oder ausgesaugt zu werden. Womöglich leiden Sie unter Kollegen, die Mobbing betreiben, und fühlen sich ihnen ausgeliefert.

Im Kontakt mit anderen Menschen geraten wir leicht aus dem inneren Gleichgewicht und verlieren unseren natürlichen Schutz. Doch oft werden wir uns dieser unbehaglichen Schieflage gar nicht bewusst und verwickeln uns immer mehr in Machtspiele, in eine Opferrolle oder fühlen uns unverstanden. Um unsere Angst abzuwehren und wieder ein Gefühl der Sicherheit zu bekommen, reagieren wir in der Regel mit schematisch ablaufenden Verhaltensweisen. Sie werden der aktuellen Situation jedoch meist gar nicht gerecht.

Ob im privaten Umfeld, in meiner Praxis oder in meinen Seminaren – immer wurde ich mit Menschen konfrontiert, die wenig eigenen Schutz vor der Umwelt besaßen. Weil sie sich nur bedingt abgrenzen konnten und viele Einflüsse von außen in ihr Energiefeld, in ihre Aura, eindringen konnten, wurde das Leben dieser Menschen erheblich beeinträchtigt. Im Laufe der Zeit wurde mir bewusst, dass dieser geringe Schutz durch automatisierte Abwehrstrategien entstanden ist, was scheinbar auf einen Widerspruch hindeutet. Eine Abwehrstrategie soll ja zu einem größeren Schutz beitragen. Aber genau das

Gegenteil ist meist der Fall: Der Schutz wird dadurch noch geringer. Daraufhin beschäftigte ich mich eingehender mit den so genannten Mustern und ihren Abwehrstrategien. Ich musste feststellen, dass die verschiedenen Muster, die von Menschen gelebt werden (auch wenn einige davon in unserer heutigen Zeit als erstrebenswert erscheinen), zum Teil nicht nur den Schutz einer Person verringern, sondern sie auch von ihrem eigentlichen Wesen entfremden.

Zu einem größeren Verständnis der Muster hat mir insbesondere die körperzentrierte psychotherapeutische Arbeit von Ron Kurtz (Hakomi-Methode) und die energetische Betrachtungsweise des Menschen von Barbara Ann Brennan (siehe ihre Bücher *Licht-Arbeit*, *Licht-Heilung*) verholfen. Bei der Darstellung des Energiesystems des Menschen stütze ich mich im Folgenden unter anderem auf die Beschreibungen von Brennan, da sie meinen eigenen Erfahrungen und Betrachtungsweisen am nächsten kommen.

Die elementaren Muster mit ihren Abwehrstrategien entstehen weitgehend in der Kindheit. Das Kind muss sich mit seinem Temperament und seinen Anlagen dem Umfeld anpassen. Dazu entwickelt es je nach Lebensbedingungen ein bestimmtes Verhalten, das sich im Laufe der Zeit automatisiert. Dieses automatisierte Verhalten wird dann als Muster bezeichnet. Die Muster haben sich sozusagen in der Kindheit schützend um das innerste Wesen des Kindes gelegt, um es zu bewahren. Für das Kind sind die erlernten Verhaltensweisen für das Überleben notwendig; den Erwachsenen, der mit ganz anderen Möglichkeiten ausgestattet ist, dem Leben zu begegnen, hemmen sie meist nur. Sie sind nicht geeignet, ihn ein Leben lang pauschal vor Angriffen, Übergriffen, Kränkung oder Verletzung zu schützen. Sie erschweren den Kontakt zu sich selbst und anderen Menschen.

Dem Erwachsenen fällt es oft schwer, sein wahres Selbst zu behaupten, da es oftmals noch verborgen oder vergessen im Inneren liegt. Sich selbst zu behaupten heißt aber, Verantwortung für sich und sein Handeln zu übernehmen und das eigene Leben so zu gestalten, dass es dem eigenen Wesen entspricht und nicht von automatisierten Mustern regiert wird. Es gilt also, sich auf die eigene Fähigkeit zu besinnen, situationsgerecht zu handeln, zwischen verschiedenen Verhaltensstrategien bewusst zu wählen und klar zu entscheiden, wie man einem anderen gegenübertritt und sich selbst präsentiert. Davon handelt dieses Buch.

Es besteht aus zwei Teilen. Um ein besseres Verständnis für die feinstofflichen Beschreibungen (Aura/Chakren) der verschiedenen Charaktertypen und ihrer Abwehrmuster zu erhalten, gebe ich im ersten Teil des Buches eine allgemeine Einführung in das Energiesystem des Menschen. Das hier vermittelte Wissen über die Aura und die Chakren dient auch einem tieferen Verstehen der Hintergründe der zahlreichen Übungen. Leser mit einem Basiswissen über das Energiesystem können diese Informationen überspringen und sich nur auf die Übungen konzentrieren; der erste Teil wird ihnen als Nachschlagewerk von Nutzen sein.

Der zweite Teil soll helfen, die eigenen Muster aufzudecken und die Muster der anderen zu verstehen. Dazu werden acht Charaktertypen in ihrem Aussehen, Verhalten und ihrem Energiesystem beschrieben. Die Abwehrstrategien der Typen, die besonders bei Stress, Ängsten und auch bei realen äußeren Bedrohungen zum Vorschein kommen, werden gesondert dargestellt und dazu Alternativen aufgezeigt.

Es gibt zahllose Meditationstechniken, Übungen und körperliche Praktiken, die auf das Energiesystem einwirken. Ich habe mich in meinem Buch auf Visualisierungen und geistige

Bilder beschränkt. Diese Techniken haben den Vorteil, dass sie jederzeit und überall durchgeführt werden können und sofort eine positive Wirkung entfalten. Dem Leser, der sie praktiziert, wird wahrscheinlich die Wirkung der Übung zuallererst durch die veränderten Reaktionen des eigenen Umfeldes auffallen. Bei mehr Übungspraxis wird sich die eigene Wahrnehmung sensibilisieren, und man wird die positive Wirkung der Übungen auch im eigenen Körper und Energiefeld spüren.

Das Buch regt dazu an, sich selbst und andere von einem erweiterten Bewusstsein aus zu betrachten. Es will helfen, automatisierte Reaktionsweisen im Kontakt mit anderen zu durchschauen. Das Ziel ist, sich und seine Mitmenschen besser verstehen zu lernen und eingefahrene Verhaltensmuster zu überwinden. Indem wir die eigenen Schwächen und Stärken annehmen und ebenso die der anderen, gelangen wir zu einem lebendigeren und befriedigenderen Austausch. Beispielsweise ist nicht jeder, der nach außen dominant auftritt, tatsächlich stark und frei von Ängsten. Genauso wenig wie ein dominantes Gehabe einem wirklich Sicherheit vermitteln kann. Indem man die eigenen Muster und die des Gegenübers im Privat- und Berufsleben wahrzunehmen lernt, gelingt es, echte Kommunikation herzustellen und sich erfolgreich zu behaupten.

Das Buch lässt sich vielseitig als Ratgeber, Übungsbuch und Nachschlagewerk zu den energetischen Abläufen im täglichen Miteinander nutzen. Die Übersichten zu den verschiedenen Abwehrstrategien ermöglichen es, schnell die Ursachen für Konflikte oder Hemmnisse im Kontakt zu einem anderen zu identifizieren und abzubauen. Zahlreiche Beispiele illustrieren, wie Streit und Missverständnisse ihre Wurzel in dem Aufeinanderprallen von Abwehrmustern der beteiligten Personen haben und dass schon einfachste Verhaltenskorrekturen helfen.

Das Buch gibt viele Anregungen zur Lösung von Konflikten. Es öffnet Wege zu einer schnellen praktischen Umsetzung der neu gewonnenen Erkenntnisse. Es bietet Unterstützung in schwierigen Situationen und es hilft, Kraftquellen zu erschließen, um den eigenen natürlichen Schutz und die innere Harmonie zu stärken.

TEIL 1

Sich in seiner Haut wohl fühlen

In Stresssituationen und bei belastenden Problemen in der Familie, bei Konflikten mit dem Partner, mit Freunden, Arbeitskollegen oder dem Chef neigen Menschen im Allgemeinen dazu, den guten Kontakt zum Boden zu verlieren. Sie ziehen sich unbewusst auf einen inneren Fluchtpunkt zurück, um Wut, Angst, Verzweiflung und Schmerz nicht spüren zu müssen. Generell bedeuten dieser Rückzug und die damit verbundene mangelnde Erdung eine Abtrennung von der Lebenskraft. Je nach Menschentyp hat diese Abtrennung allerdings individuelle Ausprägungen und zum Teil recht unterschiedliche Konsequenzen für das Verhalten. Gleichgültig, ob ein Mensch sich nun eher aggressiv und manipulativ oder starrsinnig zeigt, wenn er schlecht geerdet ist – in jedem Fall fühlt er sich nicht mehr getragen und sicher aufgehoben. Er hat sein inneres Gleichgewicht verloren und ist dadurch angreifbar. Parallel dazu wächst innerlich das Gefühl von Verunsicherung, und tatsächlich lässt der natürliche Schutz gegen äußere Einflüsse nach. Wird der Energiemangel chronisch, können Krankheiten entstehen.

Vom Verstand her würde niemand eine solche Schwächung der eigenen Person zulassen, doch wir Menschen werden eben auch von unberechenbaren Emotionen beherrscht und von verletzten Gefühlen geleitet. Verstandes- und Gefühlswelt können sich dennoch auf konstruktive Weise gegenseitig beeinflussen, und so ist es jedem möglich, Verantwortung für sich selbst zu übernehmen und bewusst dafür zu sorgen, wieder mit beiden Beinen fest auf dem Boden zu stehen.

Für mehr Kraft, Sicherheit und eine gute Verwurzelung

Alle Methoden, die für eine gute Erdung sorgen, beruhen im Prinzip auf einer Stärkung des körpereigenen Energiefeldes, der Aura. Die Aura durchdringt den materiellen Körper und umhüllt ihn in der Form eines Eies. Sie spielt eine elementare Rolle in unserem Leben, insbesondere gewährt sie auf natürliche Weise Schutz.

Die Aura besteht aus feinstofflichen Energien und kann von hellsichtigen Menschen wahrgenommen werden. Zwar ist sie für das normale Auge unsichtbar, aber mit etwas Konzentration und Übung wird jeder lernen, sie zu erspüren.

Der äußere Rand der Aura ähnelt einer dehnbaren Eischale, die jede Bewegung des physischen Körpers mitmacht. Dieser Rand ist so gestaltet, dass er den Austausch von Energien zulässt – von außen nach innen und umgekehrt. Niedrig schwingende Energien, zum Beispiel boshafte Gedanken oder depressive Gefühle eines anderen Menschen, die von außen eindringen möchten, werden jedoch abgehalten. Der äußerste Rand der Aura übernimmt somit eine Wächterfunktion. Eine gut abgegrenzte Aura hüllt nicht nur den materiellen Körper schützend ein, sondern schützt auch die Ebenen der Gefühle, Gedanken und des Geistes vor Angriffen von außen, zum Beispiel vor missgünstigen Gedanken eines intriganten Kollegen. Der Schutz kann sich durch äußere Einflüsse, etwa durch den Psychoterror eines Nachbarn, verringern und die Aura kann geschwächt werden. In den meisten Fällen befindet sich aber der »Feind«, der destruktive Einfluss, in jedem von uns selbst, und zwar in Form von Emotionen wie Angst, Einsamkeit, Verlangen, Habgier, Hass. Sie alle schwächen unser Energiefeld.

Neben den Einflüssen von außen ist zudem häufig eine in uns selbst verankerte Verhaltensweise für die Schwächung der Aura verantwortlich. Diese Verhaltensweise war uns vielleicht in der Kindheit einmal von Nutzen, doch in unserer aktuellen Lebenssituation erweist sie sich oft als unpassend und damit schwächend.
Wer in sich ruht, besitzt meist eine gesunde und abwehrstarke Aura. Ihn wirft so schnell nichts aus der Bahn. Neben der guten Verbindung zu sich selbst, zu seinem Wesenskern, sind eine gute Verbindung zur Erde, zur Vitalenergie, und auch zum Himmel, zur universellen Energie, entscheidend wichtig. Die folgende grundlegende Übung hilft, diese Verbindungen in drei Stufen zu festigen und auszubauen. Sie bringt jeden mit der nährenden Energie der Erde, mit sich selbst und mit der unerschöpflichen Energie des Universums in Kontakt. Wenn sie täglich praktiziert wird, verstärkt sie deutlich spürbar die eigene Aura und den damit verbundenen natürlichen Schutz.

Drei-Stufen-Übung

1. Erdung

- Sie konzentrieren sich auf Ihren Atem – darauf, ruhig ein- und auszuatmen und sich zu entspannen.
- Sie stehen dabei in lockerer Haltung. Die Knie sind leicht gebeugt. Sie müssen bei dieser Erdungsübung jedoch nicht auf dem nackten Erdboden stehen; die Übung funktioniert auch im obersten Stockwerk eines Hochhauses. (Falls es Ihnen nicht möglich ist zu stehen: Setzen Sie sich auf einen Stuhl; beide Füße berühren den Boden, und die Arme hängen locker seitlich herab. Oder Sie praktizieren die Übung

im Liegen: am besten mit angezogenen Beinen, die Fußsohlen berühren die Unterlage, die Arme liegen neben dem Oberkörper.)

- Sie beobachten Ihren Atem so lange, bis er gleichmäßig und ruhig wird.
- Dann wenden Sie die Aufmerksamkeit Ihren Füßen zu: Sind sie zu kalt oder zu heiß? Schmerzen sie? Stehen sie fest auf dem Boden?
- Sie stellen sich nun vor, dass Sie ein Baum sind und dass aus Ihren Fußsohlen Wurzeln wachsen, die sich tief in die Erde verzweigen.
- Sie beginnen zu spüren, wie Sie über diese Wurzeln Energie aus der Erde aufnehmen. Die Energie fließt über Füße, Beine, Bauch, Brust, Arme bis in den Kopf. Sie füllen jede Körperzelle mit dieser Energie auf.
- Sie genießen diesen belebenden Zustand eine Weile und vergegenwärtigen sich, was es für Sie heißt, den Boden unter den Füßen zu spüren.

Danach wenden Sie sich dem zweiten Teil der Übung zu:

2. Das Blaue Ei

- Sie beginnen in Gedanken ein transparentes blaues Gebilde in Form eines Eies um sich herum aufzubauen. Sie stellen sich vor, wie Sie in diesem schützenden Blauen Ei stehen.
- Sie konzentrieren sich ganz auf dieses Ei und stellen sich vor, wie seine Farbe – ein schönes Dunkelblau – immer kräftiger und leuchtender wird.
- Sie spüren, wie das Blaue Ei Sie umhüllt und Ihnen Geborgenheit gibt.

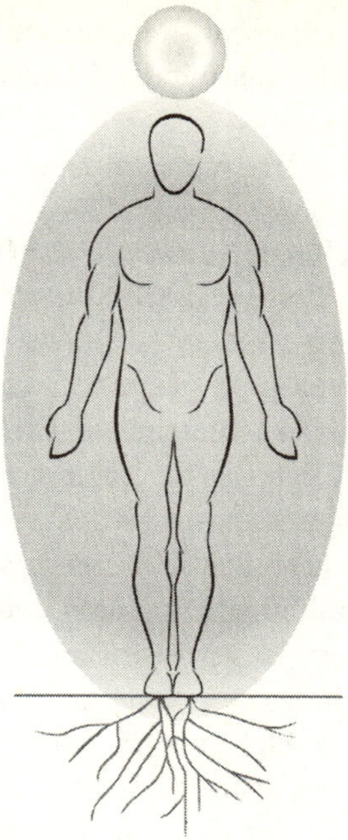

Die Drei-Stufen-Übung

Wenn Sie sich mit dieser Vorstellung wohl fühlen, gehen Sie weiter zum dritten Teil.

3. Das Höhere Selbst

- Das Höhere Selbst ist ein anderer Name für Ihren spirituellen Anteil, der Sie mit allem, was ist, verbindet. Um mit ihm bewusst in Kontakt zu treten, visualisieren Sie über Ihrem Scheitel, am Rand der Aura, eine leuchtend weiße Kugel.
- Sie setzen Ihre ganze Vorstellungskraft ein, bis diese Lichtkugel so gleißend hell strahlt wie die Sonne zur Mittagszeit.
- Wenn Sie in diesem Bild aufgehen, spüren und/oder sehen

Sie, wie diese leuchtende Kugel funkelndes Licht in Ihren Körper und in Ihre Aura aussendet und Sie davon erfüllt werden.

- Je mehr diese Lichtfunken in Ihrem Energiefeld kreisen, desto stärker wird der blau leuchtende Rand Ihrer Aura. Diese universelle Energie, die über Ihr Höheres Selbst aufgenommen wird, ist neutral, frei von jeglichem Wollen und unerschöpflich. Sie sind ein Teil davon, Sie brauchen sich nur dafür zu öffnen.
- Solange Ihre Konzentration reicht, bleiben Sie bei dieser Vorstellung, dass immer mehr Licht in Ihre Aura fließt und das Blaue Ei immer stärker wird.
- Abschließend lenken Sie Ihre Aufmerksamkeit noch einmal zu Ihrer Erdverbindung. Sie prüfen, wie fest Sie auf dem Boden stehen. Sie vergewissern sich auch noch einmal Ihres äußeren Schutzes, der Aura und Ihres Höheren Selbst, das Sie mit universeller Energie versorgt.
- Sie blenden nun diese Vorstellung aus Ihrem Bewusstsein mit der Gewissheit aus, dass sie Teil Ihrer Realität bleibt, auch wenn Sie jetzt nicht mehr darauf konzentriert sind.

Lassen Sie sich nicht entmutigen, wenn die Übung nicht sofort gelingen sollte. Gehen Sie nach dem Sprichwort vor »Übung macht den Meister«. Selbst wenn Ihnen das Visualisieren schwer fällt, werden Sie entdecken, dass Sie die Energie der Erde, des Universums und Ihrer Aura mit der Zeit immer stärker spüren können.

Falls vor Ihrem inneren Auge andere Bilder mit dem gleichen Ergebnis entstehen, ist das genauso gut. Ein Beispiel: Eine Kursteilnehmerin erschuf vor ihrem inneren Auge einen wunderschönen, hell leuchtenden Garten, in dem sie stand und der sie mit neuer Energie auflud. Rundherum zog sie einen Zaun

in Form eines Eies. Diese Visualisierung wendet sie fast täglich an. Seither tritt sie immer mehr für ihre eigenen Belange am Arbeitsplatz und in ihrem Privatleben ein und sagt offen ihre Meinung – selbst wenn es für andere auch einmal unangenehm sein sollte.
Nicht empfehlenswert ist, einen geschlossenen Kreis um sich herumzuziehen, was einem alten magischen Ritual entspricht. Ein geschlossener Kreis würde zwar die Verbindung zur Erde und zum Universum zulassen, aber jeglichen energetischen Austausch mit der Umwelt (auch den positiven Kontakt) abblocken. Es geht bei dieser Übung und überhaupt in diesem Buch jedoch nicht um die Abschottung von der Welt, sondern um die Entwicklung einer starken Aura. Im Schutz eines gut entwickelten körpereigenen Energiefeldes haben Sie eine größere Freiheit zu entscheiden, welche Einflüsse Sie zulassen wollen und welche nicht.

Die Drei-Stufen-Übung ist ein universales Hilfsmittel; im Laufe des Buches komme ich immer wieder auf sie zurück.
Die erste Stufe der Übung, das Erden, können Sie je nach Bedarf auch separat anwenden. Zum Beispiel bei Prüfungsangst kann das Erden sehr hilfreich sein, da durch die Nervosität der Kontakt zum Boden meist verloren geht und als Folge ein Mangel an Konzentration entsteht.
Auch die zweite Stufe der Übung, das Visualisieren des Blauen Eies, kann separat eingesetzt werden. In Situationen, in denen Sie schnell verstärkten Schutz auf der gedanklichen, emotionalen und/oder körperlichen Ebene benötigen, konzentrieren Sie sich am besten auf das Blaue Ei.
Die dritte Stufe, die Kanalisierung von Energie durch das Höhere Selbst, sollten Sie dagegen nur in Verbindung mit der vorangehenden Erdungsübung durchführen, denn nur durch

eine gute Verwurzelung gelingt es, sich die universelle Energie hier auf Erden nutzbar zu machen.
Die Drei-Stufen-Übung ist recht einfach zu erlernen und dabei sehr vielseitig einsetzbar – sowohl in Gefahrensituationen als auch bei ganz banalen Ärgernissen, deren Auswirkungen auf Stimmung und Gesundheit aber oft unterschätzt werden. Ein Beispiel aus dem Alltagsleben mag das verdeutlichen: Nach einem halben Jahr traf ich eine Frau wieder, die eines meiner Seminare über Selbstschutz besucht hatte. Sie erzählte mir, sie habe die Drei-Stufen-Übungen schon oft angewendet und einige neue Erfahrungen gesammelt. Unter anderem schilderte sie folgendes Erlebnis: Sie muss aus beruflichen Gründen einmal in der Woche mit dem Zug von München aufs Land fahren. Um acht Uhr morgens strömen die meisten Berufstätigen vom Hauptbahnhof Richtung City. Es kostete sie bisher immer große Mühe, sich ihren Weg durch den entgegenkommenden Menschenstrom zu bahnen. Sie wurde oft angerempelt und spürte den einen oder anderen Ellenbogen. Das Resultat war immer das gleiche: Sie wurde wütend und rempelte zurück. Nach dem Besuch des Seminars versuchte sie, es anders zu machen. Sie visualisierte sich ihr Blaues Ei, bevor sie den Bahnsteig betrat. Plötzlich machte ihr der entgegenkommende Menschenstrom genügend Platz, und sie konnte ohne Rempeleien und Wut im Bauch ihren Zug erreichen. Sie ist immer wieder erneut fasziniert von der Wirkung der Übung. Vergisst sie einmal die Visualisierung, so erinnert ihr aufsteigender Ärger sie an ihr Blaues Ei. Sofort konzentriert Sie sich kurz darauf, und prompt reagieren die Menschen um sie herum und geben ihr den Weg frei.
Noch ein Hinweis: Falls Sie die Übung des Blauen Eies bereits seit geraumer Zeit praktizieren und plötzlich feststellen, dass sie Ihnen nicht mehr gelingt, spielen Ihnen meist Ihre Gefühle

einen Streich und wollen gesehen werden. Zum Beispiel könnte es sein, dass alte Bürden und Verletzungen, zum Beispiel belastende Kindheitserfahrungen, die bislang auf subtile Weise Ihr Leben beeinflussen konnten, jetzt betrachtet werden wollen. Befragen Sie einfach Ihre Intuition, was Sie blockiert. Mehr zum Umgang mit der Intuition finden Sie ab Seite 78.

Das Energiesystem des Menschen

Das Energiesystem des Menschen ist seit dem Altertum bekannt und wurde in vielen Kulturen überliefert, wobei sich die detailliertesten Informationen darüber in den östlichen Traditionen finden. Es wurde intuitiv gespürt und auch durch Hellsichtige wahrgenommen. In der heutigen Zeit versuchte man in zahlreichen naturwissenschaftlichen Untersuchungen mehr über das Energiefeld von Lebewesen zu erfahren. Moderne Heiler und Hellsichtige stützen sich auf die alten Überlieferungen.

Es gibt immer wieder Abweichungen in der Darstellung des Energiesystems, zum Beispiel hinsichtlich der Bezeichnungen, Farben, Zuordnungen. Dies ist auf die verschiedenen Traditionen zurückzuführen und hängt ab von den Ebenen, auf denen die Heiler tätig sind oder von denen aus sie das System betrachten. Es sollte insgesamt nicht vergessen werden, dass auch die folgende Darstellung des Energiesystems nur eine Hilfskonstruktion ist, um sich die feinstofflichen Ebenen zugänglich zu machen.

Viele alltägliche Dinge wie Wohlbefinden, Selbstausdruck und Kommunikation sind auf einer tieferen Ebene besser verständlich, wenn man etwas mehr über die feinstoffliche Anatomie des Menschen weiß. Zum Beispiel gibt es bei einer Auseinandersetzung, in der keiner der Beteiligten nachgeben möchte, neben der verbalen auch eine energetische Ebene, bei der sich zwei aggressive Energien gegenseitig in das Aura-Feld des anderen einhaken. Das Wissen um diese energetischen Zusammenhänge kann unter anderem helfen, emotionale Blockaden deutlicher ins Bewusstsein zu bringen sowie

hemmende Gedanken- und Verhaltensmuster zu durchschauen. Dies alles befähigt dazu, Verantwortung für sich selbst und das eigene Tun zu übernehmen. Der sicherere und schnellere Weg ist immer, die eigene Situation zu klären, als darauf zu warten, dass die anderen sich ändern.
Die Arbeit mit den Chakren und der Aura bewirkt eine Erhöhung der Frequenz im Energiefeld des Menschen. Dies unterstützt die Bewältigung von Problemen und beschleunigt diesen Prozess; auch können verborgene Emotionen und Glaubenssätze, die indirekt Einfluss auf das Leben nehmen, in das Bewusstsein treten. Erst wenn zum Beispiel alte Verletzungen und Wut wieder bewusst werden, kann man sich von ihnen verabschieden. Gleichzeitig kann sich eine ganzheitlichere Sichtweise entwickeln, und die Zusammenhänge des eigenen Lebens werden verständlicher. Die Intuition kommt im Alltagsleben mehr zum Zuge, und der Umgang mit intuitiven Einsichten und Botschaften wird selbstverständlicher.

Die Aura

Die Aura kann man sich als Schwingungsfeld vorstellen. Sie umgibt den grobstofflichen physischen Körper jedes lebendigen Organismus. Wie alle anderen Energiefelder auf der Erde entsteht sie aus der universellen Energie. Die Aura eines Menschen wird von Hellsichtigen als Lichtkörper wahrgenommen. In der westlichen Kultur finden sich entsprechende Darstellungen eines hellen Scheins, der die Gestalt einhüllt oder krönt, vor allem in Engel- und Heiligenbildern.
Die Aura besitzt eine bestimmte Struktur. Sie setzt sich aus

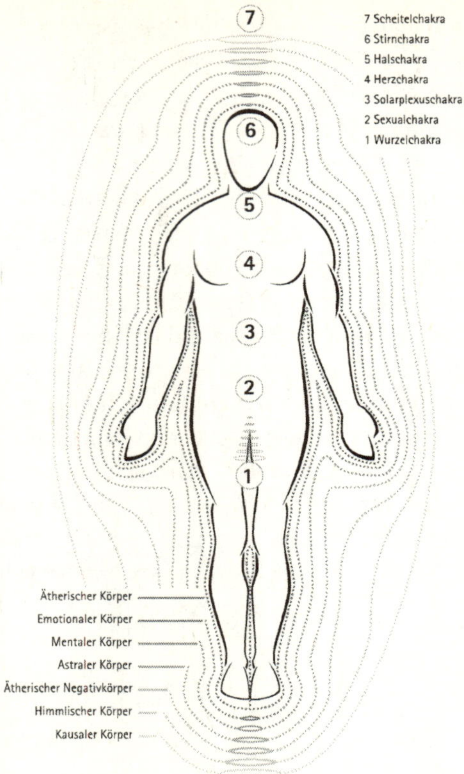

Die Chakren und feinstofflichen Körper

sieben Schichten zusammen, die jeweils auch als »Körper« oder »Ebene« bezeichnet werden. Man unterscheidet zwischen 1. ätherischer, 2. emotionaler, 3. mentaler, 4. astraler (Herz-) Ebene und drei spirituellen Schichten, dem so genannten 5. ätherischen Negativkörper, 6. himmlischen Körper und 7. kausalen Körper. Sie alle machen das energetische Feld eines Menschen aus. Jede dieser Energieschichten steht mit

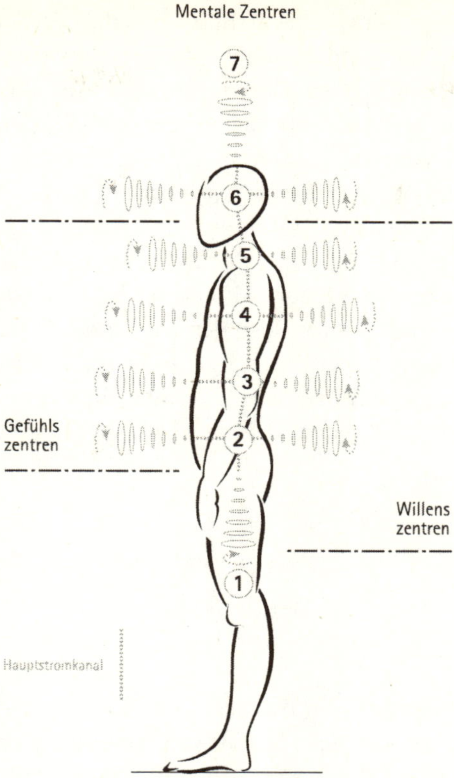

Die sieben Hauptchakren

einem Energiezentrum, einem Chakra, in Beziehung, das sie mit Energie versorgt.

Alle Schichten der Aura sind untrennbar mit dem physischen Körper verbunden. Sie bedingen seine Form und nähren ihn mit feinstofflicher Energie – die er genauso braucht wie Atemluft und das »tägliche Brot«.

Darüber hinaus kommunizieren wir mit Hilfe unseres Energie-

feldes. Unsere Aura ist zum Beispiel dafür verantwortlich, dass wir im Dunklen plötzlich die Anwesenheit einer anderen Person im Raum spüren. Oder wenn wir in der Straßenbahn lieber stehen bleiben, weil uns ein Fahrgast ein unangenehmes Gefühl vermittelt, dann trafen wir diese Entscheidung aufgrund einer Wahrnehmung über unsere Aura.
Eine der wichtigsten Funktionen der Aura ist jedoch der Schutz. Allerdings ist diese Schutzfunktion der Aura beim Menschen noch nicht von Anfang an voll entwickelt. Als Kleinkinder brauchen wir noch den Schutz der Eltern. Bei Beeinträchtigungen in der Entwicklungsphase (Kindheit) kommt es zur Bildung von Abwehrmechanismen, die sich später – wie wir noch genauer sehen werden – als so genannte Muster zeigen.

Die Chakren

Die Chakren werden von Hellsichtigen meist als Wirbel wahrgenommen, die sich aus einer Anzahl von kleineren Wirbeln zusammensetzen. Ein Chakra ist voll funktionsfähig, wenn es sich im Uhrzeigersinn dreht. In der östlichen Tradition werden die Chakren symbolisch als Lotosblüten mit jeweils unterschiedlicher Anzahl von Blütenblättern dargestellt. Dieses Bild einer Blüte wird bei der Übung »Chakren öffnen und schließen« (siehe Seite 58) als visuelles Hilfsmittel verwendet.
Die jeweiligen Farben der Chakren entstehen durch ihre verschiedenen Schwingungsfrequenzen. So entspricht die Frequenz des ersten Chakras der Farbe Rot, ebenso wie es einen Ton gibt, der dieser Frequenz zugeordnet ist. Diese Zusam-

menhänge spielen beim Reinigen und Aufladen der Chakren durch Farben oder Töne eine Rolle (siehe Seite 56/57).
Die Drehbewegung der trichterförmigen Energiewirbel der Chakren bewirkt die Aufnahme von Energie aus dem universalen Feld beziehungsweise die Abgabe dorthin. Durch die Chakren wird die Energie der Aura reguliert und erhalten. Man unterscheidet sieben Hauptchakren. Jedes reguliert unter anderem spezielle körperliche Funktionen und beeinflusst bestimmte psychische Eigenschaften (siehe die Übersicht ab Seite 33). Neben den sieben Hauptchakren gibt es noch eine Anzahl von kleineren Nebenchakren, die ebenfalls dem Austausch von Energie dienen.
Mit Ausnahme des untersten und obersten Chakras, bei denen nur ein Trichter existiert, der nach unten beziehungsweise nach oben zeigt, sind die Hauptchakren paarweise angeordnet. Das heißt, bei diesen Chakra-Paaren öffnet sich ein Trichter auf der Körpervorderseite und der dazugehörige auf der Rückseite des Körpers (siehe Abbildung Seite 29). Die Chakren auf der Vorderseite werden dem Gefühlsbereich zugeordnet – im Gegensatz zu den rückwärtigen, die auch als Willenszentren bezeichnet werden. Als mentale Zentren gelten das vordere und hintere Stirn-Chakra sowie das sich nach oben öffnende Scheitel-Chakra. Die Wurzeln aller Chakren verbinden sich mit dem Hauptkraftstrom, der an der Wirbelsäule entlangfließt.
Jedes der Chakren hat etwa drei Zentimeter über dem Körper am äußersten Rand einen Durchmesser von ungefähr fünfzehn Zentimetern.

Das Zusammenspiel von Aura und Chakren

Die sieben Energieschichten der Aura liegen übereinander und durchdringen sich und den materiellen Körper. Sie und der materielle Körper sind mit allen sieben Chakren verbunden, wobei sich jedes der Hauptchakren daraus ergibt, dass sich sieben trichterförmige Gebilde (jeweils eines pro Energieschicht) ineinander fügen. In diesen Zentren kann die Energie von Aura-Schicht zu Aura-Schicht geschleust werden. Jedes Chakra ist in der Lage, den Energiefluss zwischen den Ebenen nach Bedarf zu beschleunigen oder zu bremsen. Jede Energieveränderung in der Aura und im materiellen Körper zeigt sich sofort in den Chakren; zum Beispiel entsteht bei plötzlichem Schrecken das Gefühl, dass sich der Hals zusammenzieht und die Stimme versagt. Dies ist auf der körperlichen Ebene die Entsprechung zur Reaktion des fünften Chakras.
Die Energiekörper der Aura schwingen unterschiedlich schnell. Die Frequenz der einzelnen Ebenen steigt von innen nach außen, das heißt, die äußerste Energieschicht schwingt am höchsten. Ihr ist das Kronen-Chakra zugeordnet. Die höheren Frequenzen durchdringen niedere Frequenzen; so fließt zum Beispiel die Energie der siebten spirituellen Ebene durch alle anderen Ebenen einschließlich des materiellen Körpers. Die Energie der dritten (mentalen) Ebene durchdringt die zweite (emotionale) Ebene und den materiellen Körper; das erklärt, warum Gedanken und Gefühle das körperliche Befinden beeinflussen können.
Die Chakren wirken durch ihre Funktion, Energie aufzunehmen und abzugeben, direkt auf den materiellen Körper und die Aura ein. Deshalb setzen viele Heiler meist bei den Chakren an, um das Energiesystem auszugleichen. Auch bei

vielen Meditationen liegt der Schwerpunkt bei den Chakren, weil sie Schaltstellen sind und den energetischen und körperlichen Organismus regulieren.

1. Wurzel-Chakra und Ätherkörper

Thema: Verbindung zur Erde, Vitalenergie, Überlebensfunktion und -bedürfnisse, Arterhaltung, Lebenswille
Lage: zwischen Schambein und Steißbein; es richtet sich nach unten
Form: vierblättrige Lotosblüte oder vier trichterförmige kleine Energiewirbel
Farbe: Rot
Organbezug: Wirbelsäule, Beine, Füße, Knochen, Zähne, Nägel, Dickdarm, Nebennieren

Das erste Chakra versorgt den physischen Körper mit Vitalenergie. Es steht in Zusammenhang mit dem Empfinden des Körpers für Haltung, Bewegung und Berührung, einschließlich des Empfindens von Lust und Schmerz. Die vom ersten Chakra zur Verfügung gestellte Energie wird für den Umgang mit allen existenziellen Fragen wie Nahrung, Kleidung, Wohnen, Geld, Fortpflanzung und Sicherheit gebraucht. Jede Erfahrung zu diesen Themen wird hier gespeichert. Das erste Chakra gibt unter anderem Aufschluss über die physische Kraft, den Lebenswillen, die Liebe zum Körper und die Beziehung zur Erde.
Beispiel: Eine Patientin erzählte mir, sie sei seit Wochen gereizt, depressiv und leide immer wieder unter starken Ängsten. Auslöser sei eine Kürzung ihrer Unterrichts-Stundenzahl als Lehrerin. Vor vielen Jahren war sie als Berufsanfängerin

längere Zeit arbeitslos. Sie bekam damals kein Arbeitslosengeld, und die Eltern verweigerten ihr die finanzielle Unterstützung. Diese Zeit war für sie mit großen Ängsten verbunden. Diese alte Erfahrung tauchte jetzt wieder auf, obwohl die Patientin sich zu diesem Zeitpunkt wegen der gekürzten Stunden keine finanziellen Sorgen zu machen brauchte. Ihr erstes Chakra lief dennoch auf Hochtouren, als müsse sie wie vor zwanzig Jahren alles in Bewegung setzen, um eine existenzielle Krise zu beheben. Auf mein Anraten machte sie mehrmals am Tag eine Übung zum Schließen des ersten Chakras (siehe Seite 58), und ihre Panikgefühle gingen bedeutend zurück. Gleichzeitig begann sie, sich mit ihren Ängsten auseinander zu setzen, die bei näherer Betrachtung bis in die Kindheit zurückreichten. Nach und nach lösten sich dann durch die Bearbeitung der alten Erlebnisse ihre unbegründeten Ängste auf.

Dreht sich das Energiezentrum harmonisch im Uhrzeigersinn, hat der Mensch Freude an der Bewegung und am Rhythmus. Er genießt seine Körperlichkeit und kann die materielle Fülle erkennen und auch annehmen.

Ist das erste Chakra im Gegensatz zu den anderen Chakren übermäßig stark geöffnet, kann dies zu einem rein materialistischen Denken und Handeln führen. Alles wird mit einem großen Einsatz von Kraft und Willen ausgeführt. Das kann sich mitunter in Grobheit bis hin zu Gewalt ausdrücken.

Wenn sich das Chakra schwach zeigt, mangelt es an Lebenskraft; der Lebenswille ist meist nur gering, und alles scheint hier auf der Erde beschwerlich zu sein. Der Umgang mit der Materie – zum Beispiel das Geldverdienen, die Karriere – wird als sehr anstrengend empfunden. Dies kann auch mit einem Gefühl der Entfremdung und/oder Schutzlosigkeit verbunden sein.

Das Wurzel-Chakra versorgt den *ätherischen Körper*, die erste Schicht der Aura, mit Energie. Die Schwingung des Ätherkörpers entspricht einem Zustand zwischen Energie und Materie; sie durchdringt den physischen Körper und gibt ihm gleichzeitig Schutz, zum Beispiel vor Krankheitserregern und Schadstoffen.
Der Ätherkörper schlägt eine Brücke zwischen der physischen Körperebene und den feinstofflichen Ebenen. In ihm finden sich Abbilder aller Organe und Körperteile des physischen Körpers; er gibt Aufschluss über die körperliche Gesundheit eines Menschen und sein Energieniveau.
Der ätherische Körper umhüllt den physischen Körper - je nach allgemeinem Befinden des betreffenden Menschen - in einer Ausdehnung von fünf bis fünfzehn Zentimetern. Ähnlich wie beim Wurzel-Chakra zeigt sich hier die Vitalkraft des Menschen und ebenso sein Körperbewusstsein. Der Ätherkörper leuchtet in der Farbe Hellblau bis Grau.

2. Sexual-Chakra und Emotionalkörper

Thema: Sexualität, Sinnlichkeit, Genießen, Lebensfreude, Mögen und Nichtmögen
Lage: vorn etwa vier Zentimeter unterhalb des Nabels und am Rücken in entsprechender Höhe
Form: sechsblättrige Lotosblüte oder sechs kleine Energiewirbel
Farbe: Orange
Organbezug: Fortpflanzungsorgane, Hormondrüsen (Eierstöcke, Prostata, Hoden), Nieren, Harnblase, Dünndarm, Beckenraum; alles Flüssige wie Blut, Lymphe, Verdauungssäfte, Sperma

Die Natur des Sexual-Chakras entspricht dem Fühlen. Es ist für die Umsetzung von Emotionen zuständig. Das zweite Chakra und der dazugehörige *Emotionalkörper* können sich nur entwickeln, wenn der Mensch ständig gefühlsmäßig angeregt wird.
Das Chakra steuert auch die auf einen anderen gerichteten sexuellen Empfindungen. Mann und Frau bekommen auf dieser Ebene ein Gefühl für ihre Geschlechtlichkeit. Ist das Chakra offen, werden sie diese genießen, und die sexuelle Lust vollzieht sich in einem Geben und Nehmen. Ist die Fähigkeit zu einem harmonischen sexuellen Austausch gestört, kann dies zu einem Bedürfnis nach möglichst intensiver Lust oder intensivem Schmerz führen. Wenn das Sexual-Chakra im Vergleich zu den anderen Zentren zu stark geöffnet ist, stehen die eigenen Gefühle und Wünsche immer an erster Stelle. Auch wird dann ein Mensch seine Sexualität meist getrennt von seinem Herzen wahrnehmen. Wenn das Chakra geschlossen ist, werden Gefühlsbewegungen unterdrückt, und eine Freudlosigkeit bis hin zur Verkniffenheit bestimmt das Leben. Die Geschlechtlichkeit wird möglicherweise abgelehnt, und das Geben und Empfangen in der Sexualität kann gestört sein. Neben der Speicherung von Erfahrungen im Gefühlsbereich und mit Sexualität im zweiten Chakra können auch die Emotionen anderer Menschen sowie kollektive Gefühle hier aufgenommen und aufbewahrt werden. Ein Beispiel: Ein Freund begegnet uns, der gerade eine schlechte Nachricht bekommen hat und nun sehr deprimiert ist. Falls wir seine Gefühle verstärkt in uns aufnehmen (über das zweite Chakra), werden wir schnell mit ihm mitleiden. Da er aufgrund unseres Mitleids von uns Energie bekommen hat, wird er sich kurzfristig meist besser fühlen. Damit ist jedoch sein Problem nicht gelöst. Wir selbst werden uns wahrscheinlich nicht mehr so wohl fühlen

wie vorher. Begegnen wir unserem Freund dagegen mit der Energie unseres Herzens, dann können wir mit ihm fühlen, ohne das Leid auf uns zu ziehen. Zum Schutz können wir noch zusätzlich unser zweites (Sexual-) und drittes (Solarplexus-)Chakra schließen, damit wir auf diesen Ebenen keine Energie mehr vom anderen aufnehmen und keine eigene an ihn verlieren (zur Technik des Chakra-Schließens siehe Seite 58).

Das *rückwärtige zweite Chakra* ist mit der Quantität der Sexualenergie eines Menschen verbunden. Die körperliche Vitalität nimmt ihren Ursprung im ersten (Wurzel-)Chakra. Sie vereinigt sich im zweiten Chakra mit der Sexualenergie. Liegt in diesem Bereich eine Störung vor, führt dies zu einer Beeinträchtigung der körperlichen und sexuellen Vitalität. Der Trieb zur sexuellen Vereinigung, der im Zentrum des zweiten Chakras beheimatet ist, wird dadurch abgeschwächt. Ist der hintere Teil des zweiten Chakras blockiert, kann dies zum Beispiel zu Potenzverlust und zu einer Verminderung des sexuellen Verlangens führen.

Sobald bei einem Sexualakt die Energie durch das Sexual-Chakra fließt, lädt sich dieser Bereich auf. Sind die übrigen Chakren geöffnet oder öffnen sie sich bei der Entladung der Energie, kommt es zu einem vollen körperlichen Orgasmus. Der Körper wird durch dieses Energiebad gereinigt und revitalisiert. Dies zeigt, wie wichtig das Zusammenspiel des vorderen und hinteren Anteils des Chakras ist – und dass es weniger um die Entwicklung eines Teiles geht als um die Verbindung und die Ausgewogenheit beider. Das gilt ebenso für das gesamte Energiesystem, bei dem es um ein harmonisches Zusammenspiel geht und nicht um die verstärkte Entwicklung bestimmter Zentren oder Energiekörper.

Die zweite Schicht der Aura, der *Emotionalkörper*, passt sich in seiner Form dem physischen Körper an und dehnt sich drei bis acht Zentimeter weit über ihn aus. Die Schicht erscheint wie flüssig und zeigt sich in farbigen Wolken, die je nach emotionalem Zustand klar oder trüb sind. Der Emotionalkörper ist ständig in Bewegung, und jede der Bewegungen steht in Verbindung mit dem Selbstgefühl. Wenn jemand bestimmte Gefühle unterdrückt, erscheinen innerhalb eines bestimmten Bereichs im Emotionalkörper wolkige Gebilde in Abstufungen der Farbe Grau, die sich kaum bewegen. Beginnt die Person ihre Gefühle, die in dieser grauen Wolke verborgen sind, zu erkennen und anzunehmen, löst sich das Gebilde auf, und die Energie beginnt hier wieder zu fließen. Ist der Energiefluss in dieser Weise zum Beispiel über längere Zeit in der zweiten (emotionalen) Schicht im Bereich der rechten Schulter blockiert, kann dies dort zu körperlichen Beschwerden führen, da der emotionale den ätherischen und den materiellen Körper durchdringt. Der gleiche Hintergrund ist dafür verantwortlich, dass sich bei Angst plötzlich der Magen zusammenkrampft.

Die zweite Schicht bietet Schutz vor der Außenwelt, und zwar in Bezug auf die Gefühle. Dieser Schutz und die übrigen Funktionen des Emotionalkörpers werden durch Löcher und Narben in der Schicht sowie durch unterdrückte Gefühle beeinträchtigt. Aber auch fremde Gefühle, die in die eigene emotionale Ebene aufgenommen wurden, stören das Wohlbefinden und die weitere Entwicklung. Besonders in der Kindheit, in der das Energiefeld nur geringen Schutz bietet, geschieht es sehr leicht, dass sich fremde Gefühle einnisten. Zum großen Teil sind das Gefühle der Eltern, die das Kind übernimmt, da es sich hauptsächlich im mütterlichen und väterlichen Energiefeld aufhält. Löst sich das heranwachsende Kind immer mehr von dem Energiefeld der Eltern, wirken die kollektiven Gefühle, die den Menschen umgeben, direkt ein. Diese Verbindung zur Gesamtheit der Gefühle ist auch die Ursache für Massenemotionen wie zum Beispiel nach den Ereignissen vom 11. September 2001 oder bei einer Fußballweltmeisterschaft.

3. Solarplexus-Chakra und Mentalkörper

Thema: Kraft, persönlicher Wille, Macht und Ohnmacht, Angst, Verarbeitung von Gefühlen und Erlebnissen
Lage: vorn etwa drei Fingerbreit über dem Nabel, der rückwärtige Teil liegt auf der entsprechenden Höhe
Form: zehnblättrige Lotosblüte oder zehn kleine Energiewirbel
Farbe: Gelb
Organbezug: Magen, Leber, Milz, Gallenblase, vegetatives Nervensystem, Muskelsystem, Bauchspeicheldrüse

Das dritte Chakra hängt mit der Gedankenwelt zusammen und dient als Regulator des Gefühlslebens. Hier erfolgt die Wahrnehmung der Gefühle, und es bilden sich Meinungen und Urteile. Darüber hinaus ist es ein Kraftzentrum, das die Energie der Sonne aufnimmt und sie unter anderem an den Ätherkörper zur Erhaltung des physischen Körpers abgibt.
Das Solarplexus-Chakra zeigt, wie eine Person mit sich selbst umgeht und ihre Kraft in der Welt einsetzt. Es ist zuständig für das Zusammenspiel des Einzelnen mit seiner Umwelt – zum Beispiel, wie aktiv oder passiv jemand seinem Umfeld begegnet und ob er Grenzen setzt.
Über die Energie des Solarplexus-Chakras versucht der Mensch, seinen Platz in der Gesellschaft einzunehmen. Er will

sich durch eigene Kraft, Leistung und Machtstreben behaupten und/oder durch Anpassung an die Norm zum Erfolg kommen. In diesem Chakra manifestieren sich auch die Erfahrungen mit Macht und Ohnmacht. Sie entstehen aus dem Bedürfnis nach Kontrolle und zeigen sich unter anderem in Eifersucht, Besitzdenken, Kampf um Sicherheit, Unterwerfung. Auf der gesellschaftlichen Ebene drückt sich Machtmissbrauch heute oft durch rücksichtsloses Konkurrenzverhalten bis hin zu Mobbing oder Autoritätshörigkeit aus.

Im Solarplexus-Chakra werden die Schwingungen anderer Menschen verstärkt wahrgenommen. Es reagiert sofort auf das Gefühl drohender Gefahr. Zum Beispiel hat sich ein Mann gerade sehr geärgert und erzählt seinem Freund wutentbrannt die Geschichte. Das Solarplexus-Chakra des zuhörenden Freundes reagiert darauf, um sich vor den Schwingungen des Zorns zu schützen. Oft kann man dieses Phänomen auch körperlich spüren.

Das Solarplexus-Chakra hat die Funktion, Sinneseindrücke, Gefühle, Triebe und Wünsche der beiden unteren Chakren (Wurzel- und Sexual-Chakra) zu verarbeiten sowie kreative Energien zu kanalisieren und zu nutzen. Die Energien beziehungsweise Informationen der höheren Chakren und Energiekörper sowie des Höheren Selbst werden vom Solarplexus-Chakra auf der Ebene der Persönlichkeit manifestiert. Ziel ist es, die Lebensaufgabe zu erkennen und das Leben bewusst danach zu gestalten.

Wenn das Chakra voll funktionstüchtig ist, hat der Mensch seinen Platz im Leben gefunden und fühlt sich dort aufgehoben. Er erkennt seine Einzigartigkeit und akzeptiert sein Wesen, indem er seine Gefühle, Wünsche und Lebenserfahrungen annimmt. Er hat ein reiches Gefühlsleben und spürt tief in sich Frieden, Freude und Harmonie. Durch diesen inneren Reichtum und das Erschließen seines äußeren Reichtums entsteht eine Fülle, die auch auf das Umfeld ausstrahlt. Das Gegenteil tritt ein, wenn dieses Zentrum geschlossen ist. Der Betroffene fühlt sich an dem Platz, den er in der Gesellschaft eingenommen hat, verunsichert – oder er sucht vergeblich danach. Aufgrund der mangelnden Entfaltung seiner Persönlichkeit kann er seine Einzigartigkeit nicht spüren und die sinnvolle Rolle, die er im großen Spiel des Lebens spielt, nicht erfassen. Seine Gefühle werden unterdrückt; dies kann so weit gehen, dass er gar nichts mehr fühlt. Er kennt seinen inneren Reichtum nicht, und auch der äußere materielle Wohlstand kann fehlen.

Das *hintere Solarplexus-Chakra* steht für den Willen nach körperlicher, emotionaler, mentaler und spiritueller Gesundheit. Wenn man seinen Platz im Universum kennt und bereitwillig einnimmt, ist das Chakra voll funktionsfähig. Dann wird man die eigene Kraft voll leben; die Gesundheit ist in den genannten vier Bereichen nicht blockiert.

Die dazugehörige dritte Schicht der Aura, der *Mentalkörper*, ist noch feinstofflicher als der Emotionalkörper und erstreckt sich über diesen hinaus. Über den physischen Körper dehnt sich der Mentalkörper acht bis zwanzig Zentimeter weit aus. Je mehr sich ein Mensch geistig konzentriert, desto heller und klarer erstrahlt sein Mentalkörper, der eine gelbliche Färbung aufweist, und desto mehr dehnt er sich aus.

Der Mentalkörper enthält Ideen, Denkprozesse sowie rationale und intuitive Erkenntnisse. Hier bilden sich auch Gedankenformen, zum Beispiel Wunschgedanken, Glaubenssätze, Moralvorstellungen und Wertungen. Die Gedankenformen stehen immer in Verbindung mit einer Emotion. In dieser dritten Aura-Schicht sind sie als Blasen von unterschiedlicher Helligkeit und Form wahrzunehmen, die von der Farbe der entsprechenden Emotion umhüllt sind. Gedankenformen können zu mächtigen Gebilden werden, wenn sie durch das Konzentrieren darauf immer mehr Energie bekommen. So kann zum Beispiel ein Einfall zur fixen Idee werden oder immer wieder der gleiche Gedanke das Leben eines Menschen belasten.

Wenn der Mentalkörper mit den universellen Wahrheiten der spirituellen Körper - das sind die drei obersten Schichten der Aura - in Verbindung steht, kommt hier die Intuition zum Ausdruck - als Eingebung, das heißt als Geistesblitz oder in Form eines plötzlichen inneren Bildes. Die spirituellen Ebenen vermitteln eine ganzheitliche Sichtweise der Dinge - im Gegensatz zum rationalen Verstand, der sich auf das lineare Denken stützt. Die meisten Menschen suchen über den rationalen Verstand nach der Wahrheit. Hierbei werden Informationen (Sinneseindrücke) vom physischen Körper aufgenommen und auf der emotionalen Ebene in Gefühle umgesetzt. Diese werden zur mentalen Ebene weitergeleitet; es bilden sich dazu Gedanken, und es werden Lösungen für auftauchende Probleme gesucht. Dabei ist Vorsicht geboten, da der rationale Verstand meist nicht objektiv sein kann, wenn der emotionale Bereich mit seinen unerlösten Erfahrungen Informationen verzerrt. Es entstehen dadurch wiederkehrende Denkschemata. Ein Mensch gerät beispielsweise in eine schwierige Situation, und aufgrund seiner Muster schießen ihm als erstes altbekannte Gedanken durch den Kopf, wie: »Ich muss das allein schaffen. Ich kann mich auf niemanden verlassen. Keiner wird mir helfen.« Dies sind aber nur wiederkehrende Glaubenssätze, die in der Kindheit entstanden sind und meist nichts mit der jetzigen Situation zu tun haben. Um eine objektive Sicht der Dinge zu bekommen, ist es wichtig, sich den Energien der spirituellen Körper zu öffnen und die

ganzheitliche Wahrnehmung des Höheren Selbst im rationalen Verstand mit zu integrieren (eine Übung dazu finden Sie auf Seite 78).
Von der dritten Schicht der Aura besteht eine Verbindung zur kollektiven Gedankenebene, die sich dadurch manifestieren kann, dass gleiche Ideen zur selben Zeit an verschiedenen Orten der Erde auftreten, zum Beispiel in Form von Erfindungen.

4. Herz-Chakra und Astralkörper

Thema: Fähigkeit zu Mitgefühl und selbstloser Liebe, Harmonie, Heilung; Verbindung von physischer und spiritueller Ebene (Erde und Himmel)
Lage: in der Mitte der Brust, der rückwärtige Teil auf entsprechender Höhe des Rückens
Form: zwölfblättriger Lotos oder zwölf kleine Wirbel
Farbe: Grün; das Chakra kann aber auch mehr rosa- und goldfarben erscheinen (Grün wirkt auf der körperlichen Ebene anregend und ausgleichend auf das Herz; Rosa und Gold sind die Farben der spirituellen Ebenen des Herz-Chakras.)
Organbezug: Herz, oberer Rücken und Brustkorb, unterer Lungenbereich, Blut, Kreislauf, Vagus (vegetatives Nervensystem), Haut, Thymusdrüse

Das Herz-Chakra ist das Zentrum der Liebe. Hier verbindet man sich mit dem Herz-Chakra der Menschen, die man liebt. Das Herz-Chakra speichert sowohl die positiven Liebesgefühle als auch die Trauer und den emotionalen Schmerz in Bezug auf andere sowie Trennungsangst und Liebesverlust. Oft treten Tränen in die Augen, wenn sich das Zentrum zu öffnen

beginnt und man plötzlich die Liebe und Verbundenheit spürt, die man lange vermisst hat.
Die Herzenergie ist die größte heilende Kraft des Menschen. Die mit ihr verbundene bedingungslose Liebe und das Mitgefühl können das dualistische Denken überwinden, indem zum Beispiel Vorurteile aufgelöst oder Abhängigkeiten losgelassen werden. Mit Hilfe der höheren (spirituellen) Energien des fünften bis siebten Körpers können sich im Herz-Chakra beispielsweise Hass und Eifersucht zu Liebe, Kälte zu Mitgefühl, Ablehnung zu Annahme, Verschlossenheit zu Offenheit, Festhalten zu Loslassen, Ichbezogenheit zu Hingabe, Herrschsucht zu Dienen, Neid zu Großzügigkeit, Engstirnigkeit zu Toleranz wandeln.
Wenn das Herz-Chakra vollständig geöffnet ist und die übrigen Chakren im Einklang mit ihm schwingen, liebt der Mensch, ohne etwas zu wollen. Er fühlt sich von der Welt genährt und in ihr geborgen; er ist ein Teil der Welt, und sie ist ein Teil in ihm. Die Herzensverbindung erstreckt sich nicht mehr nur auf nahe stehende Personen, sondern umfasst alle Lebewesen der Erde.
Wenn das Herz-Chakra geschlossen ist, wird der Mensch nur wenig für andere empfinden können. Er wird kalt und vielleicht auch falsch sein. Oder er verhält sich teilnahmslos und wird dann meist von Depressionen geplagt. Es fehlen ihm Toleranz und Vertrauen.
Das *rückwärtige Herz-Chakra* drückt den Willen des Menschen aus, in der Welt in Erscheinung zu treten und etwas hervorzubringen. Wenn durch dieses Zentrum Energie fließt, gelingt es, in der physischen Welt etwas zustande zu bringen. Dieser Ich-Wille gibt die Kraft, dass man sein Ziel verfolgt und auch erreicht.
Wenn sich das hintere Herz-Chakra öffnet und auch der

vordere Teil geöffnet ist, will man etwas hervorbringen. Der eigene Wille wird dann als im Einklang mit dem höheren (göttlichen) Willen stehend empfunden. Man wird die Erfahrung machen, dass für ein Vorhaben plötzlich von überall her Zuspruch und Unterstützung kommen.
Ist das hintere Zentrum geschlossen, hat der Mensch das Gefühl, andere würden sich den eigenen Zielen entgegenstellen. Er meint dann, dass er die anderen besiegen muss, um Erfolg zu haben, oder er gibt auf und fühlt sich als Opfer.
Im Fall, dass das hintere Chakra überaktiv und der vordere Teil zu schwach oder geschlossen ist, werden das fehlende Vertrauen und die fehlende Liebe oft durch den Einsatz von Willen und Macht kompensiert.
Vierte Schicht der Aura, der *Astralkörper*, ist die Ebene der Ich-du-Verbindung, in der alle gegenseitigen Gefühle angesiedelt sind. Von hier aus nimmt man zu anderen Menschen, zu Tieren, Pflanzen, Gegenständen, zur Erde und zum Universum Kontakt auf. Die Kontaktaufnahme mit anderen Menschen kann auf verschiedene Art und Weise geschehen: über das gegenseitige Einstimmen der Energiefelder, über Energiebänder, die jeweils zwischen gleichen Chakren entstehen, und über verdichtete Energien, die – ähnlich wie Blasen – zwischen zwei Menschen hin und her fließen (Näheres zu Energiebändern auf Seite 66). Da die astrale Ebene die Verbindung der physischen Welt mit den spirituellen Sphären darstellt, kann man durch diese Schicht auch mit nichtkörperlichen Wesen kommunizieren.
Diese Aura-Schicht zeigt sich in farbigen Wolken, die in einem rosafarbenen Licht schimmern. Sie erstreckt sich fünfzehn bis dreißig Zentimeter nach außen.

5. Hals-Chakra und ätherischer Negativkörper

Thema: Kommunikation, Ausdruck, Inspiration, Selbstverantwortung, Selbstreflexion
Lage: im Kehlkopfbereich, der rückwärtige Teil befindet sich auf der entsprechenden Höhe im Nacken
Form: sechzehnblättrige Lotosblüte oder sechzehn kleine Wirbel
Farbe: Blau
Organbezug: Kehlkopf, Luftröhre, Bronchien, oberer Lungenbereich, Speiseröhre, Arme, Kieferbereich, Schilddrüse

Das Hals-Chakra hat die Aufgabe, die Themen aller anderen Chakren nach außen zum Ausdruck zu bringen, zum Beispiel die Liebe zu einem anderen Menschen, kreative Ideen, Gefühle von Wut oder Angst und so weiter. Im Hals-Chakra verbindet sich die schöpferische Kraft mit den Energien der übrigen Chakren. Durch diesen Zusammenschluss all dieser Informationen formt sich im Hals-Chakra der kreative Ausdruck des Einzelnen. Das Chakra bringt das Schöpferische eines Menschen zum Ausdruck – sei es, dass es sich durch das gesprochene oder geschriebene Wort äußert oder in Form von Musik, Tanz, Malerei oder einer anderen Kunst.
Bei Menschen, die von sich sagen, es fehle ihnen an jeglicher Kreativität, sind meist das Sexual- und das Hals-Chakra geschlossen. Oder es ist nur das Hals-Chakra geschlossen. In diesem Fall spüren sie eine Fülle an schöpferischen Ideen in sich, aber schaffen es nicht, diese zu zeigen.
Zusätzlich wird über das Hals-Chakra das eigene Wohlergehen gesteuert. Je mehr ein Mensch innerlich reift, desto mehr übernimmt er die Verantwortung für die Erfüllung seiner

Bedürfnisse. Er gibt nicht länger anderen die Schuld, wenn es ihm im Leben an etwas mangelt.
Wenn sich das Hals-Chakra mehr und mehr entwickelt, wächst die Fähigkeit zur Selbstreflexion. Der Mensch lernt, die eigenen Gefühle und körperlichen Empfindungen auch mit einem gewissen Abstand zu betrachten, und entwickelt dadurch eine objektivere Sichtweise. Als die Teilnehmer einer meiner Ausbildungsgruppen sich mit dem Thema Hals-Chakra beschäftigten, war die Überraschung groß, wie klar sie plötzlich die Zusammenhänge von eigenem Innenleben und Umwelt erkennen konnten. Der Mensch wird sich bewusst, dass die inneren Welten genauso wie die spirituellen Ebenen des Lebens und die äußere Welt zur Wirklichkeit gehören. Er wird sich über seine eigentliche Aufgabe im Leben klar und überlässt sich zur Erfüllung dieser Aufgabe vertrauensvoll der Führung seines Höheren Selbst.
Wenn das Hals-Chakra offen ist, fällt es dem Menschen leicht, der Situation angemessen klar Ja oder Nein zu sagen. Er wird generell seine Gefühle, Gedanken und Erkenntnisse sowie seine Kreativität ohne Furcht ausdrücken können. Das Eintreten für die eigenen Bedürfnisse wird zur natürlichsten Sache der Welt. Man übernimmt für sie Verantwortung, um das zu kreieren, was man braucht. Der Mensch kann offen annehmen, was ihm geboten wird. Er wird sich treu bleiben und sich auch nicht durch die Meinungen anderer irritieren lassen.
Sobald das Hals-Chakra blockiert ist, kommt es auch im übertragenen Sinn zu einer Trennung zwischen Kopf und Bauch. Dies kann dazu führen, dass sich die Person hinter ihrem Intellekt und einem kühlen Verstand versteckt und kaum Gefühle zulässt. Oder sie setzt sich nicht mit ihren Emotionen auseinander. Die Folge ist, dass sich Emotionen anstauen und

unbedachte Handlungen ausgelöst werden. Es können auch Schwierigkeiten entstehen, sich auszudrücken und sich zu zeigen, wie man ist. Oft weiß man nicht, was man will, und übernimmt dann gern die Meinung anderer.
Ein blockiertes Hals-Chakra kann auch dazu führen, dass man sich mit seinen Forderungen an sich selbst erheblich unter Druck setzt. Häufig ist dies gepaart mit einer Unfähigkeit, Hilfe anzunehmen. Man übernimmt dann nicht die Verantwortung für sich und sein Wohlergehen.
Das *hintere Hals-Chakra* gibt Aufschluss darüber, ob der Mensch den Platz in der Gesellschaft, im Beruf, in seinem Freundeskreis eingenommen hat, der ihm wirklich entspricht. Da dafür ein gewisses Maß an innerer Klarheit notwendig ist, wird dieses fünfte Chakra auch Zentrum des Selbstbewusstseins genannt.
Das hintere Hals-Chakra ist offen, wenn der Mensch seine Kraft in seine Arbeit voll einbringen kann, in ihr aufgeht und wenn diese Tätigkeit mit der Lebensaufgabe verbunden ist. So wird er auch die Früchte ernten können. Er wird die Kontakte suchen, die ihm entsprechen, und ohne Furcht die dabei entstehenden Gefühle zulassen.
Wenn das hintere Hals-Chakra blockiert ist, übt der Mensch oft einen Beruf aus, mit dem er nicht glücklich ist. Er setzt nicht seine ganze Kraft dafür ein, und im Außen wird ihm dies durch den mangelnden Erfolg gespiegelt. Ein Trost besteht darin, dass er weiß, er könnte es besser, wenn er nur wollte. Außerdem spielt dann die Angst vor dem Versagen eine große Rolle in seinem Leben. Risiken werden vermieden, um keine Niederlagen im Beruf und in privaten Beziehungen einzustecken.
Die mit dem Hals-Chakra verbundene fünfte Schicht der Aura, der *ätherische Negativkörper*, erstreckt sich etwa fünfzig Zentimeter weit nach außen. Er erscheint wie das Negativ zu

einem dreidimensionalen Bild; dabei zeigt sich der Hintergrund kobaltblau, und die in dem Körper enthaltenden Formen bestehen aus durchsichtigen Linien, die sich vom dunklen Hintergrund abheben. Man kann sich dies als eine Art Blaupause für alle Formen von Leben, als evolutionäres Muster vorstellen, so auch für den menschlichen Körper. Ist diese fünfte Schicht weiterentwickelt, hat der Mensch einen ausgeprägten Willen und kann systematisch denken. Er versteht die größeren Zusammenhänge und spürt den Sinn seiner Mitgestaltung am Ganzen.

6. Stirn-Chakra und himmlischer Körper

Thema: inneres Wissen, intuitives Wahrnehmen, Visualisierung, Erkenntnis
Lage: vorn zwischen den Augenbrauen (Drittes Auge) und in der entsprechenden Höhe am Hinterkopf
Form: 96-blättriger Lotos (2 x 48 Blütenblätter) oder als trichterförmige Energiewirbel in der gleichen Anzahl
Farbe: Violett
Organbezug: Gesicht, linkes Auge, Ohren, Nase, Nebenhöhlen, Zwischenhirn, Zentralnervensystem, Hypophyse

Das Stirn-Chakra ist das Zentrum des Sehens und Erkennens. Es ist zuständig für das intellektuelle und verstandesmäßige Unterscheidungsvermögen, für das Erinnerungsvermögen und die Fähigkeit, innere Bilder zu erschaffen (visualisieren). Durch die Energie dieses Chakras können dem Menschen alle Prozesse auf allen Ebenen bewusst werden: wie er empfindet, fühlt, denkt, liebt, sich ausdrückt, Einsicht bekommt und seine Spiritualität lebt.

Jeder Mensch erschafft sich Vorstellungen von der Wirklichkeit – es ist die Grundlage für das Entstehen von Realitäten auf der physischen Ebene. Diese Realitäten sind meist stark beeinflusst von den eigenen emotionalen Mustern sowie von übernommenen fremden Wertungen und Vorurteilen über die Welt. Modelle von Realitäten werden gebildet, verworfen und auch wieder durch neue ersetzt; dies passiert normalerweise ganz automatisch. Wenn jemand denkt, dass er beispielsweise auf dieser Erde benachteiligt ist und alle anderen ihm das Leben schwer machen, so wird diese Vorstellung so lange als Filter für das Wahrnehmen und Handeln in der Realität wirken, bis diese in der Wirklichkeit manifestiert ist.

Indem sich das Stirn-Chakra immer mehr entwickelt und Bewusstheit wächst, kann der Mensch seine Wirklichkeit als subjektiv erkennen und bewusst entscheiden, ob sie seinen Bedürfnissen entspricht. Er vermag nun mit Hilfe seiner Gedankenkraft bewusst Ideen und Wünsche umzusetzen.

Über das Stirn-Chakra kann man auch zu allen spirituellen Realitäten Zugang bekommen – je nachdem, wie weit das Chakra entwickelt ist. Viele Menschen werden so etwas bereits durch eine plötzliche Eingebung (Intuition) erfahren haben, die zu einer erweiterten Sichtweise von Lebenszusammenhängen geführt hat. Aber auch durch Träume und Meditation ist es möglich, solcherart Einblick zu nehmen. Falls sich bestimmte Teilbereiche des Stirn-Chakras entwickeln, bekommt der Mensch durch Hellsichtigkeit, Hellhörigkeit und/oder Hellfühlen Verbindung zu den spirituellen Welten.

In den seltensten Fällen ist das Stirn-Chakra vollständig entwickelt; es kann aber trotzdem offen sein. Wenn dies der Fall ist, besitzt der Mensch einen wachen Verstand, einen ausgeprägten Intellekt, eine gute Intuition, viele kreative Ideen, und das Visualisieren fällt ihm leicht.

Wenn das Zentrum blockiert ist, fehlen dem Menschen dagegen oft die kreativen Einfälle. Der Intellekt und die Vernunft stehen im Vordergrund, und das rationale Denken ist lebensbeherrschend. Die Blockierung kann sich auch in dem Versuch verstärkter Machtausübung mit Hilfe von Gedankenkraft zeigen oder in einem immer mehr schwindenden Bezug zur Realität.
Das *hintere sechste Chakra* setzt Energien frei, so dass die kreativen Einfälle des vorderen Chakras verwirklicht werden können; es ist sozusagen für die Umsetzung zuständig. Wenn das hintere Chakra offen ist, folgen den Ideen Handlungen für die Verwirklichung. Hat jemand viele Einfälle und das hintere Chakra ist geschlossen, werden die Ideen nicht erfolgreich in die Tat umgesetzt. Blockiert das vordere Stirn-Chakra und das hintere ist geöffnet, wird der Betroffene möglicherweise die Ideen anderer umsetzen.
Die damit verbundene sechste Schicht der Aura, der *himmlische Körper*, bezieht sich auf die Gefühlsebene in der spirituellen Welt: die bedingungslose (göttliche) Liebe. Hier entwickelt man die Fähigkeit zur spirituellen Ekstase und Erfüllung.
Dieser Energiekörper ist unstrukturiert und zeigt sich in allen möglichen opalisierenden Farben, die sechzig bis achtzig Zentimeter nach außen strahlen.

7. Scheitel-Chakra und Kausalkörper

Thema: Vereinigung mit dem höherem Bewusstsein (Einheit), Spiritualität, Selbstverwirklichung, kosmisches Bewusstsein, Transformation
Lage: am Scheitel des Kopfes; es richtet sich nach oben

Form: tausendblättrige Lotosblüte oder 972 kleine Energiewirbel
Farbe: Perlmuttweiß, das alle Farben vereinigt
Organbezug: Großhirn, rechtes Auge, Zirbeldrüse

Über das Scheitel-Chakra werden alle Energien der unteren Zentren vereint, und es kommt zur Integration aller Wesensanteile des Menschen und seiner Spiritualität.
Wenn der Mensch sein siebtes Chakra zunehmend entwickelt hat, verschmilzt das persönliche Energiefeld mit dem universellen Feld – mit allem, was ist, mit dem großen Ganzen. Es kommt zu einem vollkommenen Erkennen, da jedes Getrenntsein aufgehoben ist. Der Mensch versteht die Schöpfung und sieht ihre Grenzenlosigkeit.
Sobald das Scheitel-Chakra offen ist, besteht ein Gefühl der Ganzheit, des Friedens und des Vertrauens. Der Mensch nimmt den Sinn seiner Existenz wahr, und die irdische Wirklichkeit wird für ihn transparent. Er erkennt Zusammenhänge.
Wenn das Scheitel-Chakra zwar weit geöffnet ist, aber die unteren Chakren geschlossen bleiben, kommt es jedoch zu einem Zustand von »Abgehobenheit« und einer Verdrängung der Schattenseiten des Lebens.
Ist das Scheitel-Chakra geschlossen, fühlt man sich von allem abgetrennt, und Ängste treten auf. Auch Verunsicherung und Ziellosigkeit sind die Folgen. Ein geschlossenes Scheitel-Chakra kann sich auch in einem Misstrauen gegenüber allem Intuitiven äußern sowie in einer ablehnenden Haltung gegenüber spirituellen Bereichen.
Die siebte Schicht der Aura, der *kausale Körper*, besteht aus einem goldenen Gitterwerk, das alles verbindet: die Zellen eines Organs, die Teile eines Körpers, eine Gruppe von Menschen – die ganze Welt. Dieses Gitterwerk durchdringt die

Energiekörper des Menschen bis zu den Zellen des materiellen Körpers und hält alles zusammen. Die Aura erstreckt sich dadurch bis zu etwa 110 Zentimetern nach außen und bildet eine schützende Eiform. Dieses Ei hat eine sehr widerstandsfähige Schale und verhindert, dass Energie verloren geht und niedrige Energien eindringen.
Der kausale Körper stellt die Ebene des göttlichen Geistes dar. Sobald er sich stärker zu entwickeln beginnt, erhält der Mensch mehr und mehr Verbindung zu schöpferischen Ideen und gewinnt klare Erkenntnisse über das Leben.

Mit der Aura und den Chakren arbeiten

In diesem Buch wird nur ein kleiner Ausschnitt der Möglichkeiten dargestellt, wie man mit dem Energiesystem arbeiten kann. Das Hauptaugenmerk liegt dabei auf dem Reinigen sowie dem verstärkten Einsetzen der Schutzfunktion des Energiesystems.
Durch das Reinigen von Aura und Chakren wird eigenes und fremdes emotionales und gedankliches »Gerümpel« entfernt. Dies verhilft zu einer klareren Betrachtung der Dinge und einer unkomplizierten Handlungsweise. Zusammen mit den Schutztechniken – zum Beispiel das Blaue Ei (Seite 20) oder Schließen von Chakren (Seite 58) – hilft es, sicherer in der eigenen Mitte zu bleiben und die Kommunikation zu verbessern. Wir sind bewusster und laufen dadurch weniger Gefahr, automatisch in alte Reaktionsmuster zu verfallen.

Wahrnehmungsübung

Um auf einfache Weise ein erstes Gespür für die Energien der feinstofflichen Körper und Chakren zu entwickeln, ist die folgende Übung zu empfehlen:

- Sie führen langsam ungefähr in Brusthöhe beide Handflächen zueinander, ohne sie zu berühren. Irgendwann werden Sie verstärkt Wärme zwischen Ihren Handflächen spüren – es kann sich zwischen den Handflächen auch so anfühlen, als ob es dort etwas dichter wäre. Was Sie wahrnehmen, ist Ihre eigene Energie, die von Ihren Handflächen ausgeht.
- Nun legen Sie sich entspannt auf den Rücken. Sie platzieren eine Hand drei Finger breit unterhalb des Nabels – und berühren damit das Sexual-Chakra. Versuchen Sie, die Energie des Chakras zu spüren. Dann legen Sie die Hand seitlich auf den Bauch und vergleichen Ihre Wahrnehmungen. Sie werden feststellen, dass im Bereich des Chakras ein Temperaturunterschied, eine Energiedifferenz, zu spüren ist.

Reinigen und aufladen

Durch die Chakren wird Energie aufgenommen und abgegeben. Selbstverständlich kann ein gereinigtes und offenes Chakra die Energien besser kanalisieren und dadurch die verschiedenen Schichten der Aura immer mit genügend Energie versorgen. Gut funktionierende Chakren sorgen für eine kraftvolle Aura; und je stabiler und klarer die Aura, desto größer sind der eigene natürliche Schutz und die Klarheit der eigenen Betrachtungsweise.

Die nachfolgende Übung ist zu empfehlen vor oder nach Situationen, in denen Sie vielerlei Energien ausgesetzt sind, zum Beispiel Menschenansammlungen, aufreibende Geschäftsbesprechungen, private Auseinandersetzungen und so weiter.

Verschmutzungen und Blockaden ausleiten

- Sie sitzen in einer bequemen Haltung auf einem Stuhl oder auf dem Boden und atmen mehrmals tief ein und aus. Mit jedem Atemzug lassen Sie Anspannungen los.
- Dann lenken Sie Ihre Aufmerksamkeit zum unteren Ende der Wirbelsäule (Steißbein) und stellen sich vor, dass eine starke Verbindung – zum Beispiel ein starkes elastisches Seil – von dort bis zum Mittelpunkt der Erde reicht. Knüpfen Sie dieses Seil dort fest.
- Nun konzentrieren Sie sich auf das Solarplexus-Chakra und stellen sich vor, wie jegliche Verunreinigung aus dem vorderen und hinteren Teil des Chakras (Bauch- und Rückenseite) durch den Hauptkraftstrom entlang der Wirbelsäule nach unten zum Sexual-Chakra fließt. Die Übung funktioniert auch, wenn man nicht weiß, worin genau die Verunreinigung besteht.
- Sie stellen sich vor, wie Sie nun das angesammelte »Gerümpel« aus dem vorderen und hinteren Teil des Sexual-Chakras nehmen und zusammen mit dem des Solarplexus-Chakras noch weiter nach unten in das Wurzel-Chakra und von dort über das Seil, das Sie anfangs verankert haben, tief in die Erde leiten.
- Sie tun dies – in Ihrer Vorstellung –, weil Sie wissen, dass die Erde alles Verschmutzte und Verbrauchte aufnimmt und in neue Energie umwandelt. Sie können sich auch vorstellen, dass Sie die Verunreinigungen mit dem Strahl eines

Gartenschlauchs ab dem Solarplexus von Chakra zu Chakra nach unten spülen.

- Sie konzentrieren sich jetzt auf Ihr Herz-Chakra, zuerst auf den vorderen, dann auf den hinteren Teil. Alle Verunreinigungen in diesem Chakra leiten Sie über den Hauptkraftstrom entlang der Wirbelsäule nach oben zum Hals-Chakra. Sie sammeln dort wieder alles auf, was Sie blockiert, und schicken es weiter zum Stirn-Chakra. Auch dort sammeln Sie alles Störende und lenken es zum Scheitel-Chakra. Sie stellen sich vor, wie all dieser »Unrat« über das Scheitel-Chakra nach oben wegfließt und sich in neutrale Energie auflöst.
- Sie laden nun Ihre Chakren wieder auf. Sie visualisieren dazu eine leuchtend orangerote Farbflüssigkeit, die über das erste Chakra von unten nach oben aufsteigt und dabei alle frei gewordenen Räume in den Energiezentren auffüllt.

Klären und energetisieren

Mit der folgenden Übung werden die Chakren gereinigt und gleichzeitig aufgeladen. In jedes Chakra wird die ihm zugeordnete Farbe ein- und ausgeatmet. Durch diese Atemtechnik wird automatisch der vordere und der hintere Teil des Chakras gereinigt.

Mit ein wenig Übung werden Sie feststellen, dass die Farbe, die Sie ausgeatmet haben, vor Ihrem inneren Auge oft dunkler und schmutziger erscheint als die Farbe, die Sie eingeatmet haben. Atmen Sie dann die jeweilige Farbe so lange ein und aus, bis Sie das Gefühl haben, dass das Chakra gereinigt ist oder Sie die ausgeatmete Farbe als klar und rein wahrnehmen. Sollten Sie Schwierigkeiten bei der Visualisierung der Farben haben, können Sie sich einfach ein Bild oder einen Gegenstand mit der betreffenden Farbe vorstellen oder auch direkt anschauen. Zum Beispiel kann es hilfreich sein, eine Apfelsine zu betrachten, während man die Farbe Orange visualisiert.

- Sie sitzen oder liegen bequem und atmen tief ein und aus. Mit jedem Atemzug fällt die Anspannung von Ihnen ab.
- Sie gehen nun mit Ihrem Bewusstsein zum Wurzel-Chakra und atmen dort rote Farbe ein und aus, dann
- weiter zum Sexual-Chakra und atmen die Farbe Orange ein und aus.
- Im Solarplexus-Chakra atmen Sie mit gelber Farbe.
- Im Herz-Chakra verwenden Sie Grün.
- Beim Hals-Chakra atmen Sie mit blauer Farbe
- und beim Stirn-Chakra mit einem Violett.
- Beim Scheitel-Chakra schließen Sie die Übung mit weißer Farbe ab.

Klangübung

Ebenso wie Farben sind mit den Chakren auch Klänge verbunden, die einen starken Einfluss auf ihre jeweilige Frequenz haben. Mit Hilfe von Klängen können Sie Ihre Chakren reinigen, harmonisieren und aufladen – zum Beispiel beim Singen von christlichen Chorälen oder indischen Mantras. Unter einem Mantra versteht man Worte oder Wortfolgen, die heilsame, bewusstseinserweiternde Klangformen entstehen lassen. In der indischen Chakra-Lehre wird jedem Energiezentrum eine bestimmte Klangsilbe zugeordnet; sie ist der Schlüssel für die Reinigung und Aktivierung.

Beginnen Sie mit dem Mantra LAM, das dem Wurzel-Chakra entspricht, und wiederholen Sie dieses Mantra mindestens dreimal. Teilen Sie Ihren Atem ein: Sie singen ein langgezogenes »Laa« und lassen diesen Ton mit einem langen »Mmm«

ausklingen. In der gleichen Art und Weise singen Sie jedes weitere Mantra:
Wurzel-Chakra: LAM
Sexual-Chakra: VAM
Solarplexus-Chakra: RAM
Herz-Chakra: YAM
Hals-Chakra: HAM
Stirn-Chakra: KSAM
Scheitel-Chakra: OM

Nehmen Sie sich am Ende der Übung noch etwas Zeit, um die Klänge innerlich nachhallen zu lassen.

Öffnen und schließen

Normalerweise regelt sich die Aktivität der Chakren von selbst; Energie wird automatisch aufgenommen und abgegeben. Körperliche und psychische Traumata oder schwere körperliche Krankheiten können das Chakra in seiner Struktur jedoch schädigen, wodurch die natürliche Regulation gestört wird. Zu vorübergehenden Irritationen in den Chakren kann es durch psychische Aufarbeitungsprozesse und Erinnerungen kommen, die stark emotional belastet sind. In diesen Fällen ist es zu empfehlen, nach Bedarf die Chakren bewusst zu öffnen oder zu schließen, da dies einen größeren Schutz gewährt.
Auch bei Begegnungen mit anderen Menschen – in bestimmten Gesprächssituationen, anlässlich eines Besuchs und so weiter –, bei denen man sich auf einer bestimmten Chakra-Ebene schützen will, kann ein bewusstes Schließen eines oder mehrerer Chakren verhindern, dass zum Beispiel die Trau-

rigkeit, Wut oder Verzweiflung des Gegenübers ungewollt aufgenommen wird. Oft entsteht dieses Bedürfnis, sich zu schützen, im Solarplexusbereich, und so wäre es in diesem Fall gut, bewusst das eigene dritte Chakra zu schließen. Auch das zweite Chakra unterliegt oft der Gefahr, fremde Gefühle aufzunehmen, da es die Gefühle für sich selbst beherbergt und darüber hinaus leicht mit fremden Gefühlen in Resonanz treten kann.

Mit Hilfe einer sehr einfachen Visualisierungstechnik können Sie lernen, Ihre Chakren zu öffnen und zu schließen. Dazu ist zu sagen, dass Sie dabei nicht wirklich das Chakra öffnen oder schließen, sondern nur dessen Schwingungsfrequenz herauf- oder herabsetzen. Sie verwenden dabei das Bild einer Seerose – in Anlehnung an die traditionelle symbolische Darstellung der Chakren als Lotosblüten mit ihrer jeweils verschiedenen Zahl von Blütenblättern:

- Sie stellen sich eine Seerose vor, wie sie sich öffnet und schließt. Dann gehen Sie mit Ihrem Bewusstsein zu Ihrem ersten Chakra, dem Wurzel-Chakra, und öffnen Blatt für Blatt diese Blüte (es ist nicht wichtig, wie viele Blütenblätter die Seerose dabei in Ihrer Vorstellung aufweist). Sie schließen danach das Chakra langsam wieder, indem Sie sich vorstellen, wie Sie die Seerosenblüte Blatt für Blatt wieder schießen. Sie wiederholen diesen Vorgang mehrere Male, bis Sie ein Gefühl dafür bekommen haben, ob das Chakra geöffnet oder geschlossen ist.
- Sie visualisieren nun dieses Öffnen und Schließen nacheinander bei allen sieben Hauptchakren.
- Am Ende der Übung schauen Sie sich alle Chakren noch einmal vor Ihrem inneren Auge an und entscheiden, wie weit das jeweilige Chakra offen sein soll (zum Beispiel zu

100, 75 oder 5 Prozent). Oder Sie fragen sich innerlich, wie weit jedes Chakra geöffnet sein will. Sie können die Chakren einstellen, indem Sie einfach diesen optimalen Zustand visualisieren. Das Bild der Seerose wird dabei eine Hilfe sein.

Ebenso ist es nach einer Meditation zu empfehlen, alle Chakren zu regulieren, bevor man sich wieder der Außenwelt zuwendet. Befragen Sie Ihre Intuition, wie weit jedes Chakra geöffnet sein soll.

Schutz verstärken

Ist man verstärkt psychischen Angriffen von außen ausgesetzt – zum Beispiel Ihr Chef schreit Sie an –, kann es von Vorteil sein, seine Chakren zusätzlich mit Hilfe von inneren Bildern zu schützen.
Für einen zusätzlichen starken Schutz visualisieren Sie eine Doppeltür oder eine Schutzkappe vor dem jeweiligen Chakra. Sie müssen diese energetischen Schutzvorrichtungen später nicht wieder aufheben; die Chakren regulieren sich von selbst.

Aura-Reinigung

Die Aura stellt wie bereits erwähnt unter anderem den Schutz gegenüber der Außenwelt dar. Sie wirkt wie ein Filter gegen niedere Energien, die das Schwingungsniveau des eigenen Energiefeldes vermindern. Da niemand ununterbrochen in seiner Kraft lebt, verfängt sich immer wieder emotionales und gedankliches »Gerümpel« aus dem Umfeld in der Aura. Zusätzlich können auch Umwelteinflüsse wie Elektrosmog durch Mobilfunk, Computer und so weiter zu einer Beeinträchtigung des Energiefelds führen. Um die volle Funktionsfähigkeit der Aura wiederherzustellen, empfiehlt sich die nachfolgende Reinigungsübung (je nach Bedarf täglich bis wöchentlich).

Allgemeines Klären

- Im Stehen atmen Sie ein paar Mal tief durch.
- Dann erden Sie sich: Sie gehen dazu mit Ihrem Bewusstsein zu Ihren Füßen und stellen sich vor, wie vom Ende Ihrer Wirbelsäule ein elastisches Seil bis zum Mittelpunkt der Erde reicht, und Sie verankern das Seil dort.
- Sie stellen sich nun vor, dass Sie auf einem fein gewebten goldenen Gitternetz stehen. Dieses Netz hat die Eigenschaft, durch seine höhere Schwingungsfrequenz niedere Energiefrequenzen aus dem Körper und der Aura zu lösen.
- Dieses feine goldene Netz ziehen Sie langsam von unten nach oben durch den ganzen Körper. Es nimmt dabei alle Verunreinigungen des materiellen Körpers und der Aura auf.
- Sie werden feststellen, dass das Netz an bestimmten Stellen länger braucht, um nach oben zu gleiten. Dort befinden sich Energiestaus, die mehr Zeit zur Auflösung benötigen. Lassen Sie sich Zeit; das Netz arbeitet für Sie.
- Zum Schluss ziehen Sie das Netz langsam über Ihren Kopf nach oben und stellen sich vor, wie es sich auflöst.

Eigene Gefühle

Wasser ist ein starkes Medium der Reinigung, auch im übertragenen Sinn. Dies gilt besonders für die Ebene der Gefühle. Die folgende Übung hilft, zum Beispiel nach Streit und Aufruhr ruhig und klar zu werden. Außerdem bringt Wasser Gefühle wieder ins Fließen; das kann bei depressiven Verstimmungen, deren Zeichen der Stillstand ist, hilfreich sein.

- Sie setzen sich an ein Gewässer – einen Bach, einen Fluss, einen See oder Teich – und geben die belastenden Gefühle in Gedanken an das Wasser ab. Falls es sich um ein fließendes Gewässer handelt, stellen Sie sich vor, wie die Strömung Ihre Sorgen und Grübeleien mit sich nimmt und fortwäscht.

Falls Sie weder Zeit noch Gelegenheit haben, in die Natur zu gehen, hilft es auch, zu Hause ein Bad (Meersalzbad) oder eine Dusche zu nehmen. Sie stellen sich dabei vor, wie das Wasser die Sie blockierenden Gefühle einfach abwäscht.

Eigene Gedanken

Feuer hat die Fähigkeit, Zustandsformen zu verändern, und ist deshalb besonders zur Auflösung von Gedankenformen geeignet. Verbrennen Sie einfach die Sie quälenden Gedanken:

- Sie stellen sich den Gedanken vor. Sie hören und fühlen ihn.
- Dann verabschieden Sie sich von dem Gedanken und lassen ihn im Feuer aufgehen.

- Sie können den Gedanken auch auf ein Blatt Papier schreiben und dieses verbrennen (bitte achten Sie dabei darauf, eine genügend große feuerfeste Schale zu verwenden und keine Glut zu verstreuen).

Gedankenformen

Gedankenformen kann man sich als unsichtbare Gebilde vorstellen, die auf der mentalen Ebene unabhängig von uns existieren.
Sie können zum Beispiel Überzeugungen, Wertungen, Wunschgedanken und Glaubenssätze enthalten. Jeder Gedanke nimmt nicht nur in der Vorstellung eine Form an, sondern auch auf der energetischen Ebene (Mentalkörper). Die Gedankenform besteht immer aus einem Gedanken und dem dazu assoziierten Gefühl. Sobald der Mensch Gedanken und Gefühle aussendet, entwickeln diese als Gedankenformen ihr eigenes Leben. Von daher ist es zum Beispiel nützlich, sich genau zu überlegen, ob man jemandem etwas Böses wünscht, da diese Gedanken(formen) irgendwann in vielfacher Stärke auf den Erzeuger zurückwirken.
Jeder wird mit eigenen und fremden Gedankenformen konfrontiert. Letztere können sowohl von jemandem gezielt erzeugt und ausgesandt sein, oder sie befinden sich zufällig in unserer Umgebung, und wir geraten durch die Ähnlichkeit mit in uns selbst vorhandenen Energien zu ihnen in Resonanz. Durch diese Vorgänge wird das eigene Leben beeinflusst und oftmals erschwert.
Eine spezielle Art von Gedankenformen sind die Glaubenssätze, die wir in Bezug auf unsere Lebenssituation entwickelt haben und die ein wesentliches Element für die Entstehung

der später beschriebenen Muster darstellen. Diese Glaubenssätze können etwa lauten:

- Ich gehöre nicht hierher.
- Ich bin zu schwach, um das Leben zu meistern.
- Ich muss alles allein machen.
- Das Leben ist ein Kampf.
- Ich muss raffinierter sein als die anderen.
- Das Leben ist eine einzige Last.
- Ich muss immer der Erste sein.
- Alle sollen mich beachten.

Gibt man den Gedanken und Gefühlen immer mehr Kraft, indem man sie innerlich wiederholt, entwickeln sie sich zu mächtigen Gebilden. Diese greifen in das Leben ein und beeinflussen es in die jeweilige Richtung. Von daher wird klar, dass es ratsam ist, achtsam mit den eigenen Gedanken und Wünschen umzugehen.

Laserstrahl – eine Übung zum Auflösen von Gedankenformen

Generell ist zu sagen, dass man den Gedankenformen die Kraft nimmt, sobald man fähig ist, eigenen und fremden Gedanken und Gefühlen gelassen und neutral gegenüberzustehen. Aufmerksamkeit bis hin zur Fixierung sind die Nahrung von Gedankenformen.
Fremde und eigene Gedankenformen kann man gut mit einem visualisierten Laserstrahl auflösen: Sie stellen sich vor, dass Sie wie bei einem Computerspiel mit einer Laserpistole auf den quälenden Gedanken zielen. Er kann in Ihrer Vorstellung eine ganz bestimmte Form und Farbe annehmen. Das Licht aus der Laserpistole löst die Gedankenform auf.

Die bereits beschriebene Übung des »Verbrennens« von quälenden Gedanken kann ebenfalls von Nutzen sein.
Es ist aber zu berücksichtigen, dass Gedankenformen kaum aufzulösen sind beziehungsweise dass sie wiederkommen, wenn man sich innerlich nicht wirklich vollständig davon lösen möchte.

Fremdenergien

Unter Fremdenergien versteht man Gefühle und Gedanken anderer Menschen, die man unbewusst aufgenommen hat. Der Einfluss von Fremdenergien kann sich zum Beispiel daran zeigen, dass nach einem Gespräch ein unangenehmes Gefühl zurückbleibt oder man nach der Fahrt in einer überfüllten U-Bahn plötzlich eine seltsame Stimmung verspürt, die bis zur Aggressivität eskalieren kann.
Falls Sie unerwünschte fremde Energien schnell wieder loswerden wollen, hat sich folgendes Vorgehen bewährt:

- Sie atmen ein paar Mal tief durch und bitten die höchste Instanz, an die Sie glauben, um Hilfe bei der Entfernung dieser Energien.
- Sie stellen sich einfach vor, wie die Energien aus Ihrem eigenen Energiefeld nach oben entschwinden. Bitten Sie darum, dass die fremden Energien in neutrale Energie umgewandelt werden.

Durch die Hinwendung an eine höhere Instanz erhöhen sich analog dazu die Schwingungen in Ihrem eigenen Aura-Feld, und die Entfernung von Fremdenergien wird einfacher.

Das Energiesystem spielt auch eine wichtige Rolle im Austausch oder in der Verbindung mit anderen. Es bilden sich so genannte Energiebänder zwischen den Chakren zweier Menschen, wenn sie eine Beziehung eingehen. Dabei ist es unerheblich, auf welcher Ebene sich beide begegnen - ob als Geschäftspartner, als Liebespaar oder als Gegner vor Gericht.
Die Bänder entstehen, wenn über ein oder mehrere Chakren Energie aus der Aura nach außen auf ein oder mehrere Chakren des Gegenübers fließt. Bei einem gesunden Kontakt zwischen zwei Menschen treffen sich beide Energien in einer ausgewogenen guten Art und Weise und verbinden sich. Das so entstandene Band erscheint dann elastisch, hell, klar und auch farbig. Es kann sich jedoch nur bilden, wenn beide Beteiligten es zulassen.
Die Energiebänder findet man immer nur zwischen den jeweils gleichen Chakren zweier Menschen; sie entstehen also zum Beispiel von Solarplexus- zu Solarplexus-Chakra und/oder von Herz- zu Herz-Chakra. Die psychischen Eigenschaften der einzelnen Chakren geben Hinweise auf das Thema des entsprechenden Verbindungsbandes. Zum Beispiel zeigt ein Band zwischen dem jeweils zweiten Chakra an, dass es sich bei dieser Verbindung um sinnlichen Genuss und Sexualität dreht - wobei es bei diesem Thema Tausende von Möglichkeiten gibt, wie man es auslebt.
Die Verbindung ist um so stärker, je mehr Bänder zwischen den Chakren vorhanden sind, im Guten wie im Schlechten.
Die Beziehungsbänder zwischen Eltern und Kind existieren auf allen Chakra-Ebenen. Das Chakra-Thema wird individuell ausgelebt - je nach Charakterstruktur beider Seiten; insgesamt spiegeln die Beziehungsbänder die Art der Verbindung

zwischen dem Kind und seinen Eltern wider. Mit dem Heranwachsen des Kindes werden die Bänder stärker, da sie alles aufnehmen, was das Kind durch die Beziehung zu seinen Eltern lernt. Die energetische Verbindung zwischen Eltern und Kind hält ein Leben lang, auch wenn sie durch die Abnabelungsprozesse schwächer wird. Da die Energiebänder auch bestimmte Überzeugungen der Eltern transportieren können, wie »Du musst immer der Beste sein« oder »Du machst immer alles falsch«, kann es im Erwachsenenalter von Vorteil sein, die entsprechenden Bänder zu reinigen oder die belastenden Verbindungen zu trennen. Danach hat man eine größere Chance, seinen eigenen Weg zu finden.

Energiebänder reinigen

- Sie sitzen oder liegen in entspannter Position und atmen mehrere Male gleichmäßig ein und aus, bis Sie innerlich ganz ruhig werden.
- Sie erden sich, indem Sie in der Vorstellung ein dickes elastisches Seil vom Ende Ihrer Wirbelsäule (Steißbein) bis zum Erdmittelpunkt ziehen und dort fest verankern.
- Sie fragen nun Ihre Intuition, von welcher Körperstelle (von welchem Chakra) ein Verbindungsband zu der Person weggeht, mit der Sie Probleme haben (es können auch Bänder an mehreren Stellen sein).
- Sie gehen mit Ihrer Aufmerksamkeit nun zu dieser Stelle und betrachten das Band vor Ihrem inneren Auge. Wenn das Band belastet ist, erscheint es in dunklen bis grauen Farben; es kann schwer, klebrig, starr, brüchig und auch unterbrochen sein.
- Sie fragen nun das Band, welches Beziehungsthema in ihm steckt. Lassen Sie die Antwort auf sich wirken: Kennen Sie dieses Thema schon von früheren Beziehungen? Kennen

Sie es bereits aus der Kindheit? Welche Gefühle haben Sie dazu?

- Wollen Sie sich davon befreien? Wenn ja, stellen Sie sich vor, dass dieses Thema der Beziehung immer mehr an Bedeutung verliert und Sie sich selbst und dem anderen verzeihen.
- Dann konzentrieren Sie sich auf das Verbindungsband und bitten um Unterstützung von der höchsten Ebene, an die Sie glauben. Sie beginnen, von Ihrer Seite sehr hell leuchtendes, ja gleißendes Licht in das Band einfließen zu lassen. Sie stellen sich vor und beobachten vor Ihrem inneren Auge, wie dieses Licht das ganze Band reinigt – bis zu der Ansatzstelle bei der anderen Person.

Sollte diese Reinigung nicht sofort gelingen, was meist bei konfliktreichen Eltern-Kind-Verbindungen und bei schon lange andauernden partnerschaftlichen Verstrickungen der Fall ist, sollten Sie Geduld haben. Nehmen Sie sich jeden Tag etwas Zeit und Raum, um das problematische Thema zu betrachten. Wie fühlen Sie sich damit? Welche Erinnerungen kommen hoch? Schreiben Sie Ihre Gedanken und Gefühle dazu auf. Lassen Sie das belastende Beziehungsschema in Ihrer Vorstellung einfach los.
Beginnen Sie nun von neuem, dieses Band zu reinigen – jeden Tag ein bisschen mehr, bis es wieder klar, flexibel und lebendig ist.

Die Muster, die in der Beziehung zu den Eltern entstehen, dienen im Erwachsenenalter meist als Vorlage für Beziehungen zu anderen Menschen. Die Mutterbeziehung dient als Modell für die Beziehung zu anderen Frauen und die Vaterbeziehung für die zu anderen Männern.

Sollten größere Schwierigkeiten in Ehe oder Partnerschaft auftreten oder im Kontakt zu Kollegen, ist es zu empfehlen, nach Verbindungsbändern zu den Eltern zu suchen, die ähnliche Inhalte tragen, und diese auch zu reinigen.

Energiebänder durchtrennen

Es kann wünschenswert oder nützlich sein, bestehende Verbindungsbänder aufzulösen, zum Beispiel nach Trennungen im privaten und beruflichen Bereich oder bei einem Todesfall. Um Beziehungsbänder aufzulösen oder zu durchtrennen, gehen Sie wie folgt vor:

- Sie suchen mit Hilfe von inneren Bildern (siehe vorherige Übung) das Band – oder die Bänder –, das Sie mit dem anderen verbindet.
- Wo befindet es sich? Welchen Inhalt transportiert es?
- Lösen Sie die Bindung gedanklich auf; verzeihen Sie sich und dem anderen.
- Sie laden nun dieses Band mit goldener Farbe auf – beginnend von einem Ende bis zum anderen –, so dass die Enden nach dem Durchtrennen heilen können.
- Sie suchen jetzt die dünnste Stelle und schneiden sie in der Vorstellung mit einer goldenen Schere durch.

Vor jeder neuen Liebesbeziehung ist es zu empfehlen, die alte innerlich abzuschließen. Reinigen Sie die Bänder der alten Beziehung, und durchschneiden Sie alle Bänder, die Sie in der alten Situation noch festhalten. Denn wenn man gleich nach einer Trennung wieder einen neuen Partner sucht, ohne die alte Bindung wirklich zu beenden, gerät man meist an den gleichen Typ Mensch. Nach einiger Zeit wird man feststellen, dass man dasselbe Beziehungsmuster lebt, das schon beim letzten Mal zu Kummer, Streit und Trennung geführt hat.

Verbindungsbänder herausziehen

Sicher kennen Sie die Situation: Sie machten die Bekanntschaft eines an sich sehr netten Menschen, aber nach einiger Zeit spüren Sie ein Drücken oder Ziehen im Solarplexusbereich. Mit größter Wahrscheinlichkeit ist das ein Indiz dafür, dass die andere Person sich bei Ihnen energetisch »eingehängt« hat und etwas möchte. Oder Sie spüren im Zusammensein mit dem anderen, dass Sie immer müder werden. Wenn Sie in diesen Fällen Ihr Solarplexus-Chakra betrachten und nach der Verbindung zu diesem Menschen suchen, werden Sie oft ein dunkles Band finden. Sie können sich davon befreien, indem Sie es mit Hilfe eines inneren Bildes einfach herausziehen.

Man sollte beim Entfernen lästiger Bänder aber nicht vergessen, dass man selbst diese Art von Verbindung unterbewusst zugelassen hat. Über die Gründe geben die verschiedenen Verhaltens- und Abwehrstrategien Auskunft, die ab Seite 138 ausführlich besprochen werden.

Auch Menschen in helfenden Berufen laufen oft Gefahr, mit einigen solcher Bänder zu leben. Dies ist meist der Fall, wenn sie meinen, die Verantwortung für den anderen übernehmen und ihn mit Energie versorgen zu müssen.

Um ein störendes, Energie raubendes Band herauszulösen, gehen Sie wie folgt vor:

- Sie spüren mit Hilfe Ihrer Intuition und innerer Bilder die belastenden Bänder auf.
- Sie stellen sich vor, wie Sie das Band bei Ihnen aus dem betreffenden Chakra herausziehen. Sie können sich diesen

Vorgang visualisieren und/oder einfach mit der Hand herausziehen.

- Sobald Sie das Band herausgezogen haben, visualisieren Sie bei Bedarf heilendes goldenes Licht und lenken es zu der Stelle, wo das Band an Ihrem Chakra angeknüpft war.

Es gibt neben dieser Vorgehensweise sicher viele andere gute Übungen oder Rituale zum Loslassen alter Verbindungen, und Ihrer Kreativität sind dabei keine Grenzen gesetzt – nur sollten Sie darauf achten, dass Ihre Intuition die Führung übernimmt, da Ihr Verstand meist nicht frei von emotionaler Beeinflussung ist.

Ein Beispiel: Eine Patientin war gerade dabei, ihre Firma aufzulösen, und sorgte sich nun um ihre berufliche Zukunft. Mit Hilfe einer Entspannungsübung trat sie mit ihrer Intuition in Kontakt und fragte: »Was muss ich tun, um meinen neuen beruflichen Weg zu finden?« Über ihre Intuition bekam sie Zugang zu einer alten, weisen Indianerfrau, und sie bat diese um eine Antwort auf ihre Frage. Die alte Frau gab ihr daraufhin eine Übung auf: Die Patientin sollte sich vorstellen, alle ihre ehemaligen Chefs und Geschäftspartner nacheinander in einem Tipi (Indianerzelt) zu empfangen, sie zu begrüßen, sich zu entschuldigen und sich dann von jedem Einzelnen dankbar und freundlich zu verabschieden. Nach jedem Besucher, den sie verabschiedet hatte, sollte sie außerdem mit dem Rauch des Feuers ein kurzes Reinigungsritual durchführen.

Die Patientin erzählte mir bei der nächsten Sitzung, dass sie die Aufgabe bei sich zu Hause tatsächlich durchgeführt und noch längere Zeit die Auswirkungen gespürt habe. Während sie die Personen verabschiedete, spürte sie einen starken Zug

im Bauch, der sich von Person zu Person verstärkte. Am Ende ließ sie in jedes der sieben Chakren weißes Licht einfließen, und die Spannung löste sich langsam auf.
Der Patientin ging es daraufhin psychisch bedeutend besser, da sich die Zukunftsängste stark verringerten. Sie begann, über ihre eigentlichen Bedürfnisse und ihre Lebensaufgabe nachzudenken und weitere Altlasten, die ihr Leben immer wieder erschwerten, aufzulösen.

Fremde Emotionen und Gedanken zurückschicken

Das »Paketpacken« ist eine weitere einfache Methode, um Beziehungen zu klären – an erster Stelle die zu den eigenen Eltern, die das Muster für alle weiteren Kontakte zu anderen sind.
Machen wir uns klar: Kleinkinder lieben ihre Eltern ohne jede Einschränkung und versuchen, alles zu tun, um ihnen nahe zu sein und von ihnen geliebt zu werden. Sie wollen die Erwartungen der Eltern erfüllen – die tatsächlichen Erwartungen und auch solche, die sie nur vermuten. Aus diesem Grund sind sie schnell bereit, Schuld, Ängste, Wut, Verantwortung und Glaubenssätze von den Eltern zu übernehmen. Mit diesen übernommenen Gefühlen und gedanklichen Einstellungen identifizieren sie sich so sehr, dass sie sich im Laufe des Reifungsprozesses vieles davon zu Eigen machen. Im Erwachsenenalter können diese übernommenen Informationen dann das eigene Leben zusätzlich belasten.
Zum Beispiel bei wiederkehrenden Ängsten, die der äußeren Situation gar nicht angemessen sind, wäre es sehr empfehlenswert zu prüfen, ob es wirklich die eigenen Ängste sind, die man spürt:

- Fragen Sie Ihre Intuition, ob Sie Ängste übernommen haben. Wann geschah das? Von wem kamen sie? Um welche Art von Ängsten handelt es sich? Welche Information oder Botschaft steckt dahinter? Schreiben Sie Ihre Gedanken und Gefühle dazu auf. Falls die Ängste von Ihren Eltern stammen sollten, können Sie sie bei passender Gelegenheit fragen, was damals geschehen ist.
- Wenn Sie (etwas) herausgefunden haben, was Sie übernommen haben, packen Sie mit Hilfe Ihrer Vorstellungskraft diese Emotionen, Einstellungen oder Gedanken in ein Paket. Sie lassen einfach die Energie, die diese Informationen trägt, in das Paket fließen und binden es danach zu.
- Sie stellen sich nun den Menschen vor (zum Beispiel den Vater), dem Sie etwas zurückgeben wollen. Dann legen Sie dieser Person in Ihrer Vorstellung das Paket zu Füßen. Dabei sprechen Sie die folgenden Worte einmal, laut und mit Nachdruck: »Das gebe ich dir zurück. Das ist nicht meins, das ist deins.«
- Den Raum in Ihnen, der vorher vom Paketinhalt eingenommen wurde und nun frei wird, füllen Sie mit Ihrem inneren Licht auf.

Lassen Sie sich nicht beirren, wenn Sie herausfinden sollten, dass Ihre Eltern genau dasselbe »Paket« an Ängsten oder einschränkenden Glaubenssätzen schon von ihren eigenen Eltern übernommen haben. Wichtig ist, die Reihenfolge einzuhalten. So ist es nicht zu empfehlen, zum Beispiel Ängste, die von den Eltern übernommen wurden, direkt an die Großeltern zurückzugeben. Damit alte Familienlasten aufgelöst werden können, muss die Botschaft immer an den letzten Absender zurückgehen. Dieser wird dadurch vielleicht selbst

angeregt, sich mit seiner Geschichte auseinander zu setzen und sich davon zu befreien.
Beispiel: Die Mutter einer Patientin hatte einen leichten Schlaganfall erlitten. Die Tochter übernahm daraufhin die Verantwortung für das Wohlergehen der Mutter. Sie kümmerte sich um alles und fühlte sich auch für den psychischen Zustand der Mutter verantwortlich. Ohne es zu merken, vergaß sie vollkommen ihre eigenen Bedürfnisse. Auch als es der Mutter körperlich wieder bedeutend besser ging, fühlte sie sich weiterhin für deren Leben zuständig, insbesondere deren Lebenswillen.
Die Patientin begann, darüber eine innere Wut zu entwickeln, wusste aber nicht, wie sie der Situation entkommen konnte. Bei der Frage, ob sie im Moment Verantwortung für ihr eigenes Leben übernehmen würde, horchte sie auf und erkannte, dass sie etwas unternehmen musste. Ihr wurde klar, dass ihre Mutter für den eigenen Lebenswillen selbst verantwortlich ist. Das »Paketpacken« half ihr bei diesem Erkenntnisprozess. Sie übergab im Rahmen einer Übung die übernommene Verantwortung der Mutter zurück, die sie – wie sich bei genauerer Betrachtung ergab – schon zu Kinderzeiten meinte übernehmen zu müssen. Sie sprach danach offen mit ihrer Mutter darüber. Seither ist die Mutter stabiler und nimmt ihr Leben wieder selbst in die Hand. Der Tochter ist eine große Last abgenommen, und sie trägt wieder Verantwortung für ihr eigenes Leben.
Ein weiteres Beispiel verdeutlicht, wie tiefgreifend eine geistige Übung wie das »Paketpacken« wirken kann und dass es letztlich oft um die Klärung der Beziehung zu den Eltern oder einem Elternteil geht: Ein Mann hatte große Schwierigkeiten in seiner Firma. Er wurde bei Beförderungen immer wieder übergangen, obwohl er dort von allen am längsten beschäftigt

war und am besten Bescheid wusste. Seine Hilfsbereitschaft wurde immer wieder ausgenutzt. Er hatte das Gefühl, dass seine Arbeit nie anerkannt würde, ganz gleich, wie er sich auch bemühte. Bei einem Gespräch kam heraus, dass er bisher auch noch nie wirklich Anerkennung von seiner Mutter erhalten hatte. Sie ist enttäuscht, dass ihr Sohn nicht Arzt geworden ist. Sie hat sich nie damit abfinden können, dass er es »nur zum Ingenieur gebracht hat«. Er erfuhr von der Möglichkeit, die von der Mutter unbewusst übernommenen Erwartungen an sie zurückzusenden. Nach ein paar Wochen erzählte er, dass er die Übung tatsächlich durchgeführt habe. Seitdem fühlte er sich entspannter und bekam plötzlich von verschiedenen Seiten in der Firma Anerkennung, obwohl er sogar weniger arbeitete.

Innere Stärke gewinnen

Neben den Übungen mit den Chakren und der Aura gibt es noch weitere Möglichkeiten, blockierte Energien in Fluss zu bringen.

Das Innere Lächeln

Das Innere Lächeln ist eine der einfachsten und wirkungsvollsten Entspannungsübungen. Gleichzeitig hilft sie auch bei Abgespanntheit, sich wieder zu zentrieren. In Stresssituationen, zum Beispiel bei einem schwierigen Gespräch oder bei aufkommender Aggression, hilft das Innere Lächeln, in Fluss zu bleiben.

- Sie atmen ein paar Mal tief durch.
- Sie konzentrieren sich auf Ihren Mund und lassen ein leichtes Lächeln entstehen. Spüren Sie nun, wie Sie auch mit Ihren Augen lächeln.
- Dieses Lächeln breitet sich nach oben bis zum Scheitel aus; dies können Sie anfangs durch Visualisierung unterstützen.
- Sie gehen dann mit Ihrer Aufmerksamkeit nach unten zu Ihrem Herzen und spüren, dass hier die eigentliche Quelle Ihres Lächelns liegt.
- Das zunächst äußere Lächeln wird zu einem inneren Lächeln, das allmählich den ganzen Körper durchfließt. Sie fühlen sich leicht und ruhig und wieder mit Ihrem Körper im Einklang.

Den Wesenskern stärken

Unter dem Wesenskern versteht man den Ort, an dem man am leichtesten Kontakt zu seiner innersten Natur aufnehmen kann. Er liegt in einem Bereich zwei Fingerbreit oberhalb des Nabels.

Generell findet sich die innerste Natur eines Menschen in seinem ganzen Körper wieder – im physischen Körper und in den feinstofflichen Körpern seiner Aura, und sie kann weit in das eigene Umfeld ausstrahlen. Doch oft fehlt dem Menschen der Zugang zu seinem Wesen, da er seine Persönlichkeit mehr durch seine Muster lebt. Man kann es sich so vorstellen, dass sich die erworbenen Muster zum Schutz um diesen Wesenskern legen. Für das heranwachsende Kind ist dies oft notwendig, um sich zu schützen und seine Lebensumstände zu meistern. Beim Erwachsenen, der mit anderen Möglichkeiten

ausgestattet ist, verhindert es aber, sein wahres Ich zu erkennen und sich weiterzuentwickeln.
Beispiel: Eine Person, die in der Kindheit oft gedemütigt wurde, zieht sich in die letzte Ecke ihres Seins zurück und verbarrikadiert sich, um nicht wieder verletzt zu werden. Sie baut damit nicht nur eine Mauer vor den anderen auf, sondern auch vor sich selbst, ja sie lebt in der eigenen Barrikade. In diesem Zustand kann sie schwerlich herausfinden, wer sie eigentlich ist, was sie braucht und worin ihre Lebensaufgabe besteht.
Die innerste Natur jedes Menschen ist einzigartig und voll Kreativität und Weisheit. Das Wesen wird sichtbar, wenn der Mensch sich selbst uneingeschränkt annimmt. Er kommt dadurch in seine Kraft und beginnt, von innen nach außen zu strahlen; er ist ganz bei sich und mit allem, was ist, verbunden.
Diesen Vorgang können Sie unterstützen:

- Stellen Sie sich ein strahlendes Licht etwa zwei Fingerbreit oberhalb des Nabels vor.
- Nehmen Sie Ihre Hand zu Hilfe, legen sie auf diese Stelle und atmen dort gleichmäßig ein und aus. Wenn Sie dies einige Minuten lang tun, werden Sie sich entspannter und sich selbst näher fühlen.
- Dann stellen Sie sich mit jedem Atemzug vor, dass Ihr Wesenskern immer heller und größer wird (er kann Ihnen auch in allen Regenbogenfarben erscheinen). Dieses strahlende Licht beginnt jetzt, jede Zelle Ihres Körpers zu durchdringen, so dass Sie Ihre innere Natur in jeder Zelle spüren.
- Sie gehen nun noch einen Schritt weiter und füllen Ihre Aura mit diesem Licht vollständig auf. Dann stellen Sie sich

vor, wie dieses Licht über Ihre Aura hinausstrahlt (je nachdem, wie Sie sich damit wohl fühlen, machen Sie einen Schritt nach dem anderen).

Wenn Sie diese Übung täglich einige Minuten lang ausführen, kann sich in Ihrem Leben einiges verändern und zum Guten wenden. Es können dabei allerdings alte schmerzhafte Erlebnisse an die Oberfläche kommen. Doch haben Sie keine Angst: Diese alten Erinnerungen wollen gesehen werden, damit Sie sich endlich von ihnen verabschieden können.

Der Intuition folgen

Die Intuition ist eine wichtige Fähigkeit des Menschen, die ihm in jeder Lebenslage hilfreich zur Verfügung steht. Leider wird die eigene Intuition aber viel zu wenig genutzt, denn der rationale Verstand besitzt in unserer Zeit einen wesentlich höheren Stellenwert. Wie schon beim Thema Mentalkörper erwähnt, kann der rationale Verstand jedoch oft nicht objektiv sein, da er sich auch auf Denkschemata stützt, die durch subjektive emotionale Einflüsse entstanden sind. Intuition entsteht hingegen durch die Energie der spirituellen Körper (fünfte bis siebte Aura-Ebene) und des Höheren Selbst; sie wird auf der mentalen Ebene des Menschen umgesetzt und macht sich als Eingebung bemerkbar. Die so gewonnene Information beruht immer auf einer ganzheitlichen Wahrnehmung.

Will man unabhängig von den eigenen Mustern mit ihren Glaubenssätzen und Wertungen eine objektive Antwort auf eine Frage oder ein Problem bekommen, wird die eigene Intuition ein guter Ansprechpartner sein – zum Beispiel wie Sie auf eine neue Kollegin eingehen oder mit einer Unstimmigkeit unter Geschwistern umgehen können.

- Im Sitzen oder Liegen atmen Sie gleichmäßig ein und aus. Dabei entspannen Sie sich.
- Sie machen die Drei-Stufen-Übung (siehe Seite 19).
- Sie wenden dann Ihre Aufmerksamkeit wieder Ihrer Atmung zu und lenken den Atem jetzt an eine Stelle, die vier Fingerbreit über dem Nabel Ihres Körpers liegt.
- An dieser Stelle atmen Sie jetzt ein und aus, bis Sie mit Ihrer Konzentration ganz an diesem Ort sind. Stellen Sie dann Ihre Frage. Bei einfacheren Fragen, zum Beispiel zu alltäglichen Problemen des Zusammenlebens, kommen die Antworten oft sehr schnell, vor allem wenn Sie mit der Technik vertraut sind. Bei größeren Problemen und Lebensfragen kann die Antwort etwas auf sich warten lassen, und Sie erhalten sie erst in den folgenden Tagen, eventuell durch einen Traum oder durch eine Botschaft in Form eines Bildes, eines Buches, eines Films oder durch ein Zusammentreffen mit einem Menschen. Seien Sie in diesem Fall einfach im Anschluss an die Übung mehrere Tage lang sehr wachsam, um das Zeichen auch zu erkennen.

Eine Variation der Übung ist die Begegnung mit dem eigenen weisen alten Mann oder der weisen alten Frau in uns selbst.

- Wenn Sie mit Ihrer Konzentration ganz bei diesem Punkt sind, der vier Fingerbreit über dem Nabel liegt, entscheiden Sie sich, wen Sie treffen wollen, die weise alte Frau oder den Mann in Ihnen. (Die innere Gestalt, mit der Sie in Kontakt treten, muss nicht dasselbe Geschlecht haben wie Sie selbst.)

- Sie stellen sich vor, dass Sie vor einem Gartenzaun stehen, der ein altes Haus umgibt. Sie wissen, dass in diesem Haus Ihr weiser Anteil lebt, der alles über Sie und Ihr Leben weiß.
- Nun gehen Sie durch das Gartentor und über den Kiesweg direkt auf das Haus zu. Sie klopfen an die Haustür.
- Wenn Sie sich für die Begegnung mit Ihrer inneren weisen Frau entschieden haben, öffnet Ihnen eine alte Frau. Sie wird Ihnen zulächeln und Sie hereinbitten. Sie finden sich in einer gemütlichen Stube wieder und setzen sich der alten Frau gegenüber, die in einem großen Ohrensessel Platz nimmt. Sie nickt Ihnen wohlwollend zu.
- Sie stellen nun Ihre Frage, die Sie auf dem Herzen haben, und warten einfach geduldig, bis die weise alte Frau Ihnen antwortet.
- Dann bedanken und verabschieden Sie sich. Sie verlassen das Haus, den Garten und nehmen die Antwort mit in Ihr Alltagsbewusstsein.

Manchmal kann es sein, dass die innere weise Gestalt überhaupt nichts sagt. Dann sollte man sich fragen, ob die Frage unwichtig war, ob die Zeit dafür noch nicht reif ist oder ob man die Antwort nicht schon längst genau weiß.

TEIL 2

Die acht Charaktertypen

Vom Zeitpunkt der Empfängnis bis etwa zum fünften Lebensjahr entwickelt nahezu jeder Mensch elementare Verhaltensmuster. Der Psychoanalytiker Wilhelm Reich erarbeitete aufgrund dieser Erkenntnis ein Modell von Charaktertypen, das fünf Kategorien umfasst: schizoid, oral, psychopathisch, masochistisch und rigide. In der Folge haben verschiedene Therapeuten und Autoren – zum Beispiel Alexander Lowen, John Pierrakos, Ron Kurtz, Barbara Ann Brennan – dieses Modell übernommen und weiterentwickelt.
Auch ich gehe in meinem Buch von Reichs Grundmodell der Charaktertypen aus. Zur besseren Differenzierung habe ich die fünf Typen jedoch auf acht erweitert, wie es auch von Ron Kurtz praktiziert wird. Außerdem verwende ich zur einfacheren Erkennung der verschiedenen Typen neue Bezeichnungen. Dies geschieht vor allem aus dem Grund, eine Irreführung des Lesers zu vermeiden – schizoid wird zum Beispiel oft fälschlich mit schizophren gleichgesetzt. Durch die einprägsameren Bezeichnungen wird die jeweilige Eigenart der verschiedenen Typen zudem deutlicher hervorgehoben.
Im Mittelpunkt stehen hier also acht Charaktertypen mit ihren spezifischen Formen der Kommunikation. Ich nenne diese Typen der

1. Flüchtende
2. Bedürftige
3. Selbstgenügsame
4. Dominante
5. Umgarnende
6. Ausharrende

7. Macher
8. Theatralische

Wenn im Folgenden etwa von *dem* Selbstgenügsamen oder *dem* Macher gesprochen wird, bezieht sich dies immer auf den Menschentyp – egal ob er von einem Mann oder einer Frau verkörpert wird. Es gibt selbstverständlich auch unter den Frauen Selbstgenügsame und Macher.

Das in diesem Buch dargestellte Modell der Charaktertypen soll kein Versuch sein, Menschen in Schubladen zu stecken. Ein einfaches Kategorisieren wäre auch gar nicht möglich, da jeder Mensch einzigartig ist. Niemand weist außerdem nur die Merkmale eines bestimmten Charaktertyps auf. Wir haben es immer mit einer Mischung aus verschiedenen Mustern zu tun, wobei oft eines davon verstärkt zum Tragen kommt und man für die Typologie ein Hauptmuster ausmachen kann. Dies kann sich je nach Lebensabschnitt und Herausforderungen auch wieder ändern. Mein Hauptanliegen ist, Möglichkeiten vorzustellen, um bei sich selbst und bei anderen die jeweils vorhandenen Muster besser erkennen zu können und dadurch zu einem klareren Austausch und einer konstruktiven Interaktion mit anderen zu kommen.

Wann und wie Muster entstehen

Wenn ein Kind auf die Welt kommt, besitzt es noch keinen eigenen natürlichen Schutz. Das Neugeborene ist vollkommen von der Versorgung und Zuwendung der Eltern abhängig. In den ersten drei bis vier Lebensjahren spielt in der Regel die Mutter die Hauptrolle für das Kind. (Natürlich kann es auch der Vater sein, der zu Hause das Neugeborene und später das Kleinkind versorgt; es ist jedoch die Ausnahme. Aus diesem Grund spreche ich im Unterkapitel zur Entstehung der Charaktertypen überwiegend von der Mutter als der entscheidenden Bezugsperson.)

Für sein Überleben ist das hilflose Kind auf die Mutter, den Vater oder andere beschützende Bezugspersonen angewiesen. Um sich den besonderen Gegebenheiten seiner Lebensumwelt und der Familie anzupassen, in die es hineingeboren ist, wird das Kind spezielle Verhaltensweisen entwickeln, je nach seinem Temperament und seiner körperlichen Veranlagung.

Jeder Typ Mensch entwickelt seine eigene Anschauung, wie die Welt ist, durch eine Reihe von (Kindheits-)Erfahrungen oder infolge eines traumatischen Erlebnisses. Aus diesen Anschauungen entstehen im Laufe der Zeit Muster, deren Abwehrstrategien besonders dann zum Vorschein kommen, wenn sich der Mensch bedroht fühlt.

Wird zum Beispiel ein Säugling oft allein gelassen oder reagiert die Mutter nicht auf das Schreien des hungrigen Säuglings, wird das Kind irgendwann resignieren. Es wird aufhören, sich bemerkbar zu machen, und sich der Situation ergeben – der Anfang für die Ausprägung eines Musters ist gemacht. Das Kind wird in Zukunft mit Hilflosigkeit reagieren, oder es entschließt sich, nach Möglichkeit ohne Unterstützung auszukommen. Die so entstehenden Verhaltensweisen oder Muster dienen dem Kind als Schutz. Sie helfen ihm, sich seinem Umfeld anzupassen.

Jeder der acht Charaktertypen, die sich auf diese Weise im Laufe der Zeit herausbilden können, spiegelt sich im Aussehen, in der Körperhaltung, im Gefühlsleben und im Denken

des Menschen wider. Die Charakterstruktur bestimmt auch das Auftreten nach außen. Das Energiesystem mit der Aura und den Chakren hat sich ebenfalls angepasst und weist spezifische Energieblockaden auf.
Während im Kindesalter dieser Mechanismus der Musterentstehung hilft, das Überleben zu sichern, kann er für einen Erwachsenen zu einem Hindernis werden. Ein erwachsener Mensch verfügt generell über verschiedene wirksame Möglichkeiten der Selbstbehauptung, und es ist ihm möglich, sich selbst zu versorgen und selbstbewusst aufzutreten. Alte, überholte Muster aus Kindertagen wirken nun als Bremse. Sie hindern den Menschen daran, seine Persönlichkeit voll zu entfalten und seine ganze Kraft und Liebe zu leben.

Überlebensstrategien im Kindesalter

Mutterleib

Bei der Empfängnis entsteht zwischen der Seele und dem befruchteten Ei eine energetische Verbindung. Die physische Gebärmutter lässt das Ei zum Embryo heranwachsen, und gleichzeitig dient sie als körperlicher Schutz für das Kind. Zum Zeitpunkt der Befruchtung entsteht jedoch auch eine ätherische Gebärmutter, die alle Einflüsse von außen abhält. Die ätherische Gebärmutter schützt den Embryo vor den Gefühlen und Gedanken der Umwelt, nicht aber vor denen der Mutter. Daher empfindet es das Kind als überlebenswichtig, dass die Mutter es liebevoll annimmt. Tut sie es nicht, fühlt sich das Kind abgelehnt und in seinem Dasein bedroht. Dafür genügt zum Beispiel schon, dass sich die Mutter gedanklich mit Abtreibung beschäftigt.

Geburt

Bei der Geburt verlässt das Kind die ätherische Schutzhülle der Gebärmutter und ist zum ersten Mal den Einflüssen der Außenwelt ausgeliefert. Aus diesem Grund ist die sehr starke energetische Verbindung zwischen Mutter und Kind während und nach der Geburt für das Baby so wichtig. Diese energetische Verbindung bleibt ein Leben lang bestehen, auch wenn sie durch die verschiedenen Abnabelungsprozesse immer schwächer wird.

Vor allem die in den sechziger Jahren modern gewordene Krankenhausgeburt – im sterilen Kreißsaal mit grellem Licht, Schlag auf den Po, einem Bad und der von der Mutter isolierten Aufbewahrung im Säuglingszimmer – macht es dem Neugeborenen nicht leicht, in dieser Welt anzukommen. Selbst wenn es bisher im Mutterleib gut aufgehoben war, so erlebt es jetzt meist sein erstes Trauma: von der Mutter getrennt und schutzlos zu sein.

Nach der Geburt und im Kindesalter

Auf traumatische Erfahrungen im Mutterleib, während der Geburt und kurz danach reagiert das Kind, um überleben zu können, mit der natürlichen Abwehr, indem es sich in die spirituelle Ebene zurückzieht.

- Das Neugeborene

  Da bei einem Neugeborenen das Scheitel-Chakra noch ganz offen ist und die Seele des Kindes sich zu dieser Zeit hauptsächlich in den höheren Energiekörpern (fünfte bis siebte Schicht der Aura) aufhält, besteht diese Form der Abwehr darin, in den spirituellen Ebenen zu bleiben, in denen das Kind sich zu Hause fühlt, und der normalen Entwicklung entgegenzuarbeiten. Das heißt, das Kind weigert

sich, sein Wurzel-Chakra (erstes Chakra) weiter zu öffnen und sich auf diese Weise mit der Erde zu verbinden. Damit ist es ihm jedoch nicht möglich, mit seiner Seele den materiellen Körper voll in Besitz zu nehmen.
Bleibt dieser Zustand einer geringen Erdverbindung weiter bestehen, wird das heranwachsende Kind, und später der Erwachsene, sich bei dem Gefühl von Bedrohung sofort in die spirituelle Welt flüchten. Es entsteht somit ein Muster, das immer wiederkehrt. Der Mensch, dessen Charakterstruktur in dieser Zeit entsteht, wird als der *flüchtende Typ* bezeichnet.

- Erstes bis zweites Lebensjahr
  Während sich in der ersten Lebensphase kurz nach der Geburt alles darum dreht, dass das Kind auf der Erde wirklich ankommt und das Gefühl entwickelt dazuzugehören, ist das Hauptthema des Kindes in der zweiten Phase das Wahrnehmen der Welt als einen stärkenden Ort, der seine Bedürfnisse befriedigt. Diese zweite Phase überschneidet sich etwas mit der ersten Phase und umfasst die ersten zwei Lebensjahre.
  Auf energetischer Ebene hat das Kind jetzt noch wenig Struktur. Doch mit jeder Erfahrung – ob positiv oder negativ – entwickelt sich die Aura ein Stück mehr und wird farbiger. Parallel dazu wächst das Kind auch körperlich und emotional, da ja alle Ebenen miteinander verbunden sind. In der Aura wird von Kindheit an jede Erfahrung gespeichert – ein Leben lang.
  Das Kind hat immer noch keinen eigenen Schutz. Alle seine Chakren sind offen. Die Schutzschicht, die die von außen kommenden psychischen Einflüsse filtert, hat sich noch nicht gebildet. Das Kind ist somit hochgradig empfänglich

und verletzlich. Es braucht noch die uneingeschränkte Aufmerksamkeit und Fürsorge der Mutter.
Wenn die Art und Weise, wie das Baby gefüttert, trockengelegt, getragen und umsorgt wird, jedoch nicht verlässlich ist, kommt es dazu, dass das Kind die Welt als einen Ort wahrnimmt, der nicht unterstützend ist. Als Folge entwickelt es als Muster entweder eine starke Abhängigkeit oder eine übertriebene Unabhängigkeit: Es entsteht der *Bedürftige*, der ständig Zuwendung und Hilfe sucht, oder der *Selbstgenügsame*, der keine Unterstützung annehmen kann.

- Zweites bis viertes Lebensjahr
  Im Alter von etwa zwei Jahren entfaltet sich das Sexual-Chakra (zweites Chakra) immer mehr, und das emotionale Leben des Kindes wird ständig reicher. Das Vorstellen von Fantasiewelten, in denen es lebt, und die Identifikation mit den eigenen Gegenständen helfen dem Kind, sein Umfeld als getrennt von der eigenen Person wahrzunehmen. Das Kind entwickelt Autonomie; es braucht aber noch die Hilfe der Mutter.
  In dieser Zeit lernt das Kind die ersten sozialen und moralischen Werte kennen, wenn seine Ehrlichkeit, Freundlichkeit und Offenheit unterstützt werden und es sich darauf verlassen kann, dass seine Bezugspersonen sich ihm gegenüber ebenso liebevoll und zugewandt verhalten.
  Wenn nun die Mutter die Bedürfnisse des Kindes nicht respektiert und nicht erfüllt, sondern sie dazu benutzt, die eigenen Bedürfnisse zu stillen, fühlt sich das Kind verletzt und unwichtig. Zum Beispiel: Eine Frau fühlt sich von ihrem Mann vernachlässigt, da er aus beruflichen Gründen wenig zu Hause ist. Sie benutzt ihren kleinen Jungen, um

ihr eigenes Defizit an Liebe und Zuwendung zu beseitigen, und bindet den Sohn in verführerischer Weise an sich. Kommt der Ehemann dann nach Hause, bricht die Mutter den intensiven Kontakt zu ihrem Sohn wieder ab. Da das Kind die Zuwendung und Fürsorge der Mutter noch braucht, stehen ihm nur zwei Möglichkeiten zur Verfügung: sich benutzen zu lassen oder die Strategie der Mutter zu übernehmen und selbst zu manipulieren. Falls sich das Kind für die zweite Alternative entscheidet, lernt es, seine eigenen Gefühle zu verneinen und jegliche Schwäche und Verletzlichkeit zu verbergen. Diese Charakterstruktur entsteht zwischen dem zweiten und vierten Lebensjahr; es entwickelt sich entweder der *dominante* oder der *umgarnende Typ*.

- Achtzehnter Lebensmonat und später
  Ab dem achtzehnten Lebensmonat entdeckt das Kind die eigene Freiheit und Verantwortung – und das damit verbundene Wort *Nein*. Es traut sich in Bereiche vor, in denen es auf sich selbst gestellt ist, in denen es tun kann, was es will, und wo es eigene Entscheidungen treffen muss.
  Wenn die Mutter mit diesen natürlichen Impulsen nicht umzugehen versteht und sie in Form von übergroßer Fürsorge, Kontrolle und/oder Bestrafung unterdrückt, kann das Kind kaum Unabhängigkeit entwickeln. Es wird daran gehindert, sich selbst zu behaupten, und es entsteht der *ausharrende Typ*, der sich passiv verhält und abwartet.

- Drittes bis fünftes Lebensjahr
  Im Alter zwischen drei und fünf Jahren beginnt das Kind, sich der sexuellen Unterschiede bewusst zu werden. In

dieser Phase sind die Akzeptanz und die Liebe des Vaters sehr wichtig.
Wenn das Kind um seiner selbst willen geschätzt und geliebt wird, lernt es, einfach nur sein zu dürfen, ohne etwas leisten zu müssen. Falls die Eltern das Kind jedoch nur aufgrund von Leistungen, Aussehen, Talenten lieben und achten, gehen die Selbstakzeptanz und die Fähigkeit des Kindes verloren, sich aus sich selbst heraus wohl und sicher zu fühlen. Es bildet sich der *Macher-Typ* mit einer hohen Leistungserwartung an sich selbst.
Mit den gleichen inneren Auswirkungen hat der *theatralische Typ* zu kämpfen, der ebenfalls in dieser Phase entstehen kann. Der Theatralische versucht nicht wie der Macher, Anerkennung und Aufmerksamkeit durch Leistung zu bekommen, sondern er inszeniert Dramen, um Aufmerksamkeit zu erregen. Dieses Verhalten entsteht beim Kind durch das Gefühl der Zurückweisung. Die Eltern, insbesondere der Vater, haben zum Beispiel während dieser Entwicklungsphase keine Zeit für das Kind, und es muss sich immer wieder lautstark bemerkbar machen. Oder der Vater wehrt plötzlich seine Tochter ab, weil er mit deren sich entwickelnder Weiblichkeit nicht zurechtkommt.

- Sechstes bis siebtes Lebensjahr

Im Alter zwischen sechs und sieben bildet sich die Schutzschicht über den Chakren und schirmt viele äußere Einflüsse ab. Die Aura hat mehr Struktur und bietet einen größeren eigenen Schutz, unabhängig von der Mutter. Das Kind kann aus dem Familiengefüge mehr heraustreten, und die Schulzeit beginnt. Die Entwicklung des Intellekts und des Solarplexus-Chakras (drittes Chakra) stehen jetzt im Vordergrund. Bis zu diesem Alter hat der Mensch seine wesentlichsten Muster entwickelt, und die Merkmale der einzelnen Typen, die sich daraus bilden, treten immer stärker zum Vorschein.

Die hier wiedergegebene Entstehungsgeschichte der verschiedenen Muster kann nur in Grundzügen aufzeigen, welche Umstände zur ihrer Entstehung führen. Eine umfassende und detaillierte Ursachenuntersuchung würde weit über den Rahmen dieses Buches hinausgehen.

Die Charaktertypen und ihr Energiesystem

Die innere und äußere Haltung zum Leben

Der Mensch drückt seine Haltung zum Leben nicht nur durch das aus, was er sagt, tut, fühlt und denkt. Auch seine Körperhaltung ist ein Spiegel seiner Einstellung. Innere und äußere Haltung entsprechen einander. Die Form des physischen Körpers unterstützt die Verhaltensweisen des Menschen, indem sie diese nach außen vertritt. Sie macht sie sichtbar. So ist es auch durch die Betrachtung des Äußeren einer Person möglich, Aufschluss über ihr Verhalten zu bekommen. Darüber hinaus besitzt jeder Charaktertyp ein spezifisches Energiemuster. Sein energetischer Körper - seine Aura, seine Chakren – spiegeln seine Kraft, seinen Schutz und seinen Ausdruck wider.

Die Haltung des flüchtenden Typs zum Leben sagt aus: »Ich bin hier nicht willkommen. Ich gehöre nicht hierher.«
Diese Glaubenssätze entstanden während der Zeit in der Gebärmutter, bei der Geburt und/oder kurz danach. Das Kind hatte das Gefühl, von der Mutter abgelehnt zu werden. Es fühlt sich dadurch in seinem Dasein bedroht. Als Reaktion darauf unterdrückte es von Anfang an seine Lebenskraft, insbesondere seine Gefühle. Dies spiegelt sich auch im Körperbild des flüchtenden Typs wider. Charakteristisch ist eine hohe Muskelspannung, die den Körper zusammenzieht. Seine Energie, die in einer hohen Frequenz schwingt, ist im Inneren des Körpers wie eingefroren, da der Flüchtende den Austausch zwischen sich und der Umwelt unterbindet. So fällt es ihm schwer, ein Gefühl für sich selbst zu bekommen und einen Herzenskontakt zu einem anderen Menschen herzustellen.
Besonders der Rumpf erscheint dadurch eng, hart und leblos. Die Gelenke sind wie gefroren, kalt und gerötet. Setzt sich der flüchtende Typ in Bewegung, kann man oft in den Gelenken ein Knackgeräusch hören. Die langen, dünnen Arme und Beine hängen am Körper herab, als gehörten sie nicht dazu. Der ganze Körper erscheint wenig integriert. Der Flüchtende stolpert auch oft über die eigenen Füße.
Der Kopf sitzt auf einem langen Hals und schiebt sich durch einen Knick im Nacken nach vorn. Dies hinterlässt den Eindruck, als könnte er auch ohne Körper existieren. Aufgrund der ablehnenden Umwelt zu Beginn seines Lebens entwickelte sich bei dem Flüchtenden in seinem Inneren ein tiefes Verlorensein, und er entschloss sich, es nicht zu fühlen. So lebt er hauptsächlich in seinem Kopf. Fragt man einen flüchtenden

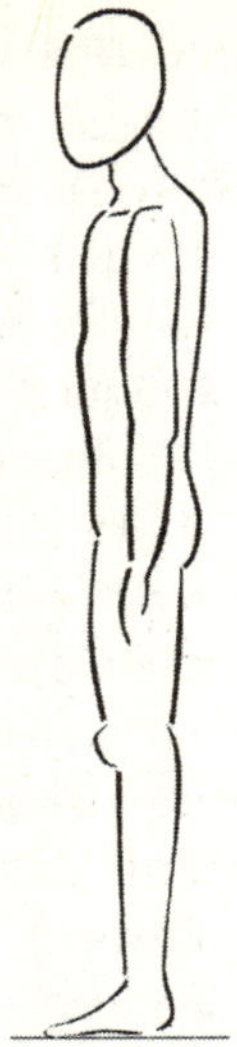

Der Flüchtende

Typ nach seinen Gefühlen, gibt er zur Antwort, was er denkt, und nicht, was er fühlt.
Die körperliche, emotionale, mentale und spirituelle Ebene sind beim Flüchtenden oft voneinander abgetrennt und kommunizieren nicht miteinander. Beispiel: Eine Patientin mit einem starken Anteil des flüchtenden Typs, die früher einmal krebskrank war, verlor immer mehr das Vertrauen zu ihrem Körper. Einer der Gründe war, dass sie weiterhin von verschiedenen Symptomen geplagt wurde, obwohl bei ihr schon seit einigen Jahren keine Krebszellen mehr nachweisbar waren. Die Distanz zu ihrem Körper, die schon vor ihrer Erkrankung bestanden hatte, wurde noch größer. Der Kontakt zum Körper ließ sich meist nur noch durch die Beschwerden, das heißt den Schmerz, herstellen. Die Beschwerden lösten große Ängste

aus, die wiederum die Symptome verstärkten. Dieser Teufelskreis bewirkte, dass sie nicht mehr daran glaubte, sich auf das Funktionieren ihres Körpers verlassen zu können.
Wenn man wie diese Patientin den Bezug zum eigenen physischen Körper verliert, geht auch der Kontakt zu einem Teil des Seins verloren. Man kann nicht mehr wahrnehmen, was dieser Teil mit seiner Reaktion mitteilen möchte – stattdessen wird er einem immer unheimlicher. Dasselbe geschieht auch bei abgespaltenen Gefühlen und Gedanken.
Der Flüchtende hat die Tendenz, sich von der Realität abzuwenden und sich lieber in geistigen Regionen aufzuhalten. Körperlich kann sich diese Reaktionsweise in einer seitlichen Verkrümmung des Rückgrats (Skoliose) manifestieren. Nach außen scheint der Flüchtende durch sein Verhalten über den Dingen zu stehen und fern dieser Welt zu sein. Durchgedrückte Knie, die im Verhältnis kleinen Füße und die oft im Laufe der Zeit entstandenen Hammerzehen verkörpern die fehlende Verbindung zur Erde.
Der flüchtende Typ hat eine hohe Wahrnehmungsfähigkeit und beobachtet ganz genau, da er sich ständig bedroht fühlt. Es ist fast unmöglich, ihn anzulügen. Da er in der Kindheit seine Gefühlswelt nicht entwickeln konnte, vertraut er allerdings nicht seinen eigenen Impulsen. Stattdessen übernimmt er Rollen, die durch seine Beobachtung anderer Menschen entstanden sind. Kann er nicht in festen Rollen leben, führt dies in neuen, unbekannten Situationen zu einer verstärkten Unsicherheit. Er reagiert dann oft unvorhersehbar und nicht angemessen. Falls er sich an festen Verhaltensmodellen orientiert, wirkt er meist unflexibel.
Durch seine Kindheitserfahrung, in der er Kälte und Ablehnung spürte, entwickelte sich eine Ablehnung gegen sich selbst. Diese veranlasst ihn, sich immer wieder selbst zu be-

strafen. So sucht er Situationen, die für ihn mit Leid verbunden sind und durch die er sich immer wieder bestätigen kann, dass er die Liebe der anderen nicht verdient.
Er teilt die Welt in Schwarz und Weiß ein. Genauso gegensätzlich kann sein eigenes Verhalten sein: in dem einen Moment sehr freundlich und dann wieder starr und kalt. Dies ist für andere oft nicht nachvollziehbar, und auch für ihn selbst sind diese Schwankungen rätselhaft.
Ihm fehlt die spontane Fähigkeit, am Leben teilzunehmen und sich zu amüsieren. Nachts bleibt er lange wach, um vielleicht doch noch etwas vom Leben mitzubekommen. Die Angst vor dem Übergang in einen anderen Bewusstseinszustand beim Einschlafen und Aufwachen hält ihn zusätzlich wach.
Im Kontakt zu anderen Menschen ist er meist scheu und zurückhaltend. Enge Beziehungen machen ihm Angst, und aus Sicherheitsgründen bleibt er lieber in seiner Isolation. Gleichzeitig leidet er aber unter seiner Einsamkeit. Er reagiert sehr misstrauisch, wenn ein anderer ihm nahe sein will. Aus Angst, er könnte sich im anderen verlieren, vermeidet er es, tiefere Beziehungen einzugehen. Er kann oft keinen körperlichen Kontakt ertragen und zuckt regelrecht zurück, wenn ein anderer ihn berührt. Da er mehr in seinem Kopf lebt als im Rest seines Körpers, spürt er den Sex mehr im Kopf und weniger im Becken.
Im Beruf ist er gewissenhaft und korrekt. Er kann sein analytisches Denken gut für die Arbeit einsetzen. Hektische Berufe wird er meist meiden, da seine Belastbarkeit nur gering ist und er Stresssituationen scheut. Beispiel: Der Chef einer Grafikdesign-Firma stellte seine Freundin als Mitarbeiterin ein. Seit dem Studium hatte sie erst wenige praktische Erfahrung gesammelt, doch da er sehr von ihren Fähigkeiten überzeugt war, übertrug er ihr trotzdem die Aufgabe, ein Projekt zu lei-

ten. Diese Entscheidung stieß auf massive Ablehnung innerhalb des Firmenteams. Viele Aggressionen der Mitarbeiter richteten sich gegen die junge Designerin, obwohl sie oftmals nicht die eigentliche Ursache der ausgelösten Emotionen war. Über sie wurde innerhalb der Gruppe heftig diskutiert und Kritik geübt, aber keiner ihrer Kollegen sprach sie direkt darauf an. Sie reagierte mit der typischen Verhaltenweise des Flüchtenden: Sie stellte aus energetischer Sicht rund um sich herum Stacheln auf, damit niemand mehr an sie herankam. Nach außen redete sie mit den Mitarbeitern immer weniger und arbeitete hauptsächlich allein. Reichte dies für ihr Bedürfnis nach Schutz nicht aus, verließ sie mit ihrem Bewusstsein noch ihren materiellen Körper, damit sie ihr feindliches Umfeld nicht spüren musste, das heißt, ihr Bewusstsein verlagerte sich mehr in die spirituellen Schichten der Aura. Für die anderen wurde sie unfassbarer, und es verbreitete sich die Ansicht, dass sie einfach arrogant sei. Aufgrund des Rückzugs der Frau und des Misstrauens ihrer Kollegen entstanden erhebliche Kommunikationsstörungen, und das Arbeitsprojekt kam ins Stocken. Sie selbst wurde auf diese Weise immer mehr zum Brennpunkt einer spannungsgeladenen Situation.
Im Gegensatz zu seiner engen äußeren Welt ist die innere Welt des flüchtenden Typs grenzenlos. Hier kann er seine Fantasie und Kreativität in schier unbegrenztem Maß entfalten. Es gibt viele Künstler und auch Erfinder mit einer starken Prägung des flüchtenden Charakters. Sie besitzen oft die Fähigkeit, ihr analytisches Denkvermögen mit ihrer Fantasiewelt zu verbinden. Beispiele sind Menschen wie Salvador Dalí und Albert Einstein.

Das Energiesystem des flüchtenden Typs

Die meiste Energie hält der Flüchtende im Inneren seines Körpers fest, da er zu Beginn seines Lebens zu der Überzeugung kam, dass er und seine Kraft nicht willkommen sind. Seine Aura zeigt sich nicht in ihrer vollen Größe, besonders an den Füßen verengt sie sich. Die Verbindung zur Erde wird dadurch erschwert. Die Aura-Grenzen haben sich nicht scharf entwickelt, deshalb ist sein natürlicher Schutz stark beeinträchtigt.

Meist ist der Flüchtende körperlich schwach, dementsprechend zeigt sich auch der ätherische Körper schwach und oft brüchig. Der emotionale Körper kann starr und eng sein oder in ständiger Bewegung ohne Balance.

Im Äther- und Emotionalkörper herrscht ein Ungleichgewicht der Energieverteilung; ebenso im Mentalkörper, der aber heller und meist ausgebildeter ist. Die spirituellen Körper (fünfte bis siebte Schicht der Aura) sind stark entwickelt; dies erklärt die reichen spirituellen Erfahrungen des Flüchtenden.

In der Regel sind folgende Chakren offen (zur Lage der Chakren siehe die Übersicht auf Seite 29): das Solarplexus-Chakra, das die mentale Ebene mit Energie versorgt, und das Sexual-Chakra hinten, das für den Einsatz des Willens steht. Das Stirn-Chakra ist von allen Chakren am stärksten entwickelt und drückt den Scharfblick und die Intuition des Flüchtenden aus. Das offene Scheitel-Chakra deutet auf seine meist stark ausgeprägte spirituelle Verbindung hin. Die Funktion des Hals-, Herz- und Sexualzentrums ist oft stark beeinträchtigt, ebenso die Funktion der sich nach hinten öffnenden Chakren am Rücken (Willenszentren).

Energetische Blockierungen finden sich in allen Gelenken der Extremitäten. Vor allem verliert der Flüchtende Energie an den Sprung- und Kniegelenken. Seine größte Blockade sitzt im Nacken, wodurch der Kopf von den Gefühlen getrennt wird.

Die Haltung des bedürftigen Typs zum Leben sagt aus: »Bitte hilf mir, lass mich nicht allein.«
Dieser Charaktertyp wird in den ersten beiden Lebensjahren angelegt, in denen die Bedürfnisse des Kindes von seiner Mutter (von seinem Umfeld) nicht angemessen erfüllt wurden. Als Kind erlebte er immer wieder Enttäuschungen, bis er sich der Situation fügte und hinnahm, dass seine Bedürfnisse nicht erfüllt werden. Daraus entwickelte sich sein oberster Glaubenssatz: »Die Welt ist ein Ort, an dem ich keine Unterstützung finde.«
Die Botschaft der Mutter, die viel zu früh verlangte, er solle auf seinen eigenen Beinen stehen und erwachsen werden, vergrößerte noch seine Hilflosigkeit. Schließlich brach er unter diesem Druck zusammen, und er weigerte sich fortan, erwachsen zu werden. So erwartet er auch als Erwachsener von anderen Stärkung – oft von jedem, der ihm begegnet. Diese Haltung hat fatale Auswirkungen, da nicht jeder gewillt ist, etwas zu geben. Bekommt er doch etwas, kann es sein, dass es nicht genug ist, dass es nicht zum richtigen Zeitpunkt kommt, dass es nicht schnell genug und/oder nicht in der richtigen Art und Weise geschieht. Der Erfahrungskreis schließt sich wieder, und seine Grundüberzeugung, dass niemand für ihn da ist und ihn unterstützt, wird erneut bestätigt.
Die grundlegende Unsicherheit des bedürftigen Typs bezieht sich darauf, ob er sein Leben allein bewältigen kann. Er spürt seinen Mangel an Kraft, der sich auch in seinem Körper ausdrückt. Dieser ist dünn und schwach, und er bricht leicht zusammen. Die Muskulatur und das Bindegewebe sind schlaff und unterstreichen somit noch seine passive Ausstrahlung. Seine geringe Kraft versucht er zu bewahren, indem er

Aktivität vermeidet. Verfolgt er dennoch ein Ziel, ermüdet er schnell und gibt auf, bevor seine Bedürfnisse befriedigt werden.

Die enge, eingesunkene Brust mit der flachen Atmung hält im Inneren dieses Menschen seine große Sehnsucht nach Nähe und sein Gefühl der Einsamkeit fest. Seine körperliche Haltung kommt in einer S-Form des Rückens zum Ausdruck, die durch ein ausgeprägtes Hohlkreuz, eine stark gerundete Brustwirbelsäule und einen nach vorn geschobenen Kopf entsteht. Durch das Hohlkreuz drückt sich sein Bauch kugelförmig nach vorn und unterstreicht seinen kindlichen Körperbau. Dieser kindliche Ausdruck beschränkt sich nicht nur auf die körperliche Ebene, auch in seinem Gefühlsleben agiert er oft so verletzlich, sensibel und naiv wie ein Kind.

Die ständig hochgezogenen Schultern drücken seine tiefsitzende Angst aus. Es fehlen ihm die Abwehr und der Schutz gegen die harte Wirklichkeit des Lebens, so ist er ständig auf der Suche nach Unterstützung. Sein kindliches und bedürftiges Aussehen und Verhalten sollen ihm dabei helfen. Auffallend ist seine leise, traurige Stimme, sein Schmollmund und seine großen Kinderaugen, die oft traurig und bittend in die Welt blicken.

Durch sein Aussehen und Auftreten erzeugt der Bedürftige bei seinem Gegenüber Mitleid. Der andere fühlt sich dann aufgerufen, ihm zu helfen. Der bedürftige Typ sendet Hilfe suchende Signale aus, um nicht direkt um Unterstützung bitten zu müssen, da er der Überzeugung ist: »Wenn ich darum bitte, erhalte ich die Hilfe nicht mehr aus Zuneigung.«

Seine dünnen Beine mit den durchgedrückten Knien verdeutlichen außerdem seine Schwierigkeit, fest auf dem Boden zu stehen. Die schwachen Arme unterstreichen die fehlende emotionale Entwicklung in Richtung eines ausgewogenen

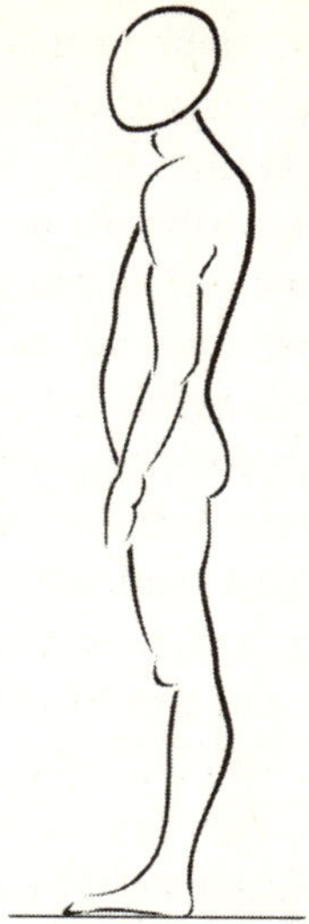

Der Bedürftige

Gebens und Nehmens. Er vermag weder wirklich befriedigend zu nehmen noch dem anderen etwas zu geben. Auf diese Weise kann kein angemessener Austausch entstehen.

Der bedürftige Typ umgibt sich mit vielen Freunden. Er hat ein großes Bedürfnis nach Austausch und Nähe. Durch seine gewinnende Art und seine Hilflosigkeit stellt er für andere keine Bedrohung dar. Oft reagiert sein Umfeld auf ihn mit Mitleid und Fürsorge. Der Einzelne fühlt sich aber bei dem Bemühen, ihm zu helfen, schnell ausgesaugt und entmutigt, da der bedürftige Typ einem »Fass ohne Boden« ähnelt. Der Bedürftige klammert sich fest und fordert pausenlos Zuneigung und Aufmerksamkeit. Wie schon erwähnt, ist ein echter Austausch mit ihm nicht möglich, da er aufgrund seines körperlichen und emotionalen Mangels nur an seinen eigenen Gefühlen und Be-

dürfnissen interessiert ist. Häufig erzählt er ausschließlich von sich selbst, oder er stellt viele Fragen, um so Aufmerksamkeit zu bekommen – die Antworten sind dabei Nebensache.
Ist ein anderer wirklich für ihn da, bekommt er meist Angst, diese Zuwendung könnte nur von kurzer Dauer sein. Seine Furcht, wieder verlassen zu werden, verhindert, dass er im Kontakt bleibt und die Unterstützung annimmt.
In einer Paarbeziehung verhält sich der bedürftige Typ kindlich und abhängig, um den anderen dazu zu bewegen, seine Bedürfnisse zu befriedigen. So heißt zum Beispiel »Ich liebe dich« bei ihm oft »Ich will, dass du mich liebst«.
Er sehnt sich nach einer totalen Versorgung und wünscht sich oft, dass sein Partner ihm diesen Traum erfüllt. Der Partner jedoch ist überfordert, da niemand solche Wünsche wahr werden lassen kann. Befriedigt der Partner seine Erwartungen nicht, kann der Bedürftige ärgerlich werden. Dieser Zustand ändert sich, sobald er beim anderen Aufmerksamkeit erlangt hat. Der Bedürftige kann sehr eifersüchtig sein. Richtet sein Partner die Aufmerksamkeit auf eine andere Person, bedeutet dies für ihn weniger Stärkung und Unterstützung, und seine Verlustangst meldet sich.
Der bedürftige Typ ergänzt sich sehr gut mit dem dominanten Typ. Ein kraftvoller, erfolgreicher Mann, der im Leben steht (dominanter Typ), heiratet eine liebe, zarte Frau (bedürftiger Typ), die zu ihm aufschaut. Sie vergöttert ihn, da er weiß, »wo es langgeht«, da er ihr sagt, was sie zu tun hat, und sie beschützt. Er ist überglücklich, dass er angehimmelt wird und keinen Widerspruch erfährt. Solange keiner der beiden von seinem Verhalten abweicht, funktioniert die Beziehung wunderbar.
Aufgrund seiner geringen Kraft geht es dem bedürftigen Typ beim Sex weniger um das lustvolle körperliche Ausleben als

vielmehr um den Kontakt und die Aufmerksamkeit. Er versucht auf diesem Weg, Nähe zu bekommen und gehalten zu werden.

Auf der beruflichen Ebene kann der bedürftige Typ unter die typischen Versager fallen. Seine Leistung entspricht in keiner Weise seinen wirklichen Fähigkeiten. Es fehlen ihm einfach die Ausdauer, der Willen und das Wissen darüber, was er möchte. Mit der Überzeugung, die Welt schulde ihm seinen Lebensunterhalt, hält er es oft nicht lange bei einer Arbeitsstelle aus. Beispiel: Ein Mitarbeiter einer Firma mit einer Tendenz zum ausharrenden Typ litt schon seit geraumer Zeit unter einem Arbeitskollegen, der ihn nicht in Ruhe ließ. Der Arbeitskollege mit dem Verhaltensmuster des bedürftigen Typs fand immer wieder etwas, das er besser wusste, fragen oder haben wollte. Der ausharrende Typ ging anfangs in seiner gutmütigen Art darauf ein, später reagierte er in ärgerlicher Weise ablehnend. Dies half alles nichts, sein Kollege ließ ihn dann noch weniger los. Der Ausharrende besuchte bei mir ein Seminar und verstand daraufhin besser sein eigenes Verhalten und das seines bedürftigen Kollegen. Es wurde ihm klar, dass dieser ihn nicht nur Zeit und Nerven kostete, sondern ihm auch viel Kraft abzog. Von da an ließ er sich nicht mehr in das Spiel seines Arbeitskollegen verwickeln. Er konnte das, was ihm vom anderen entgegenkam, seine Kritik und Klagen, beim anderen lassen. Er grenzte sich ab und war nur dann offen, wenn es um wirkliche Arbeitsbelange ging. Der Bedürftige bekam dadurch nicht mehr die Aufmerksamkeit, die er wollte, und ließ ihn mehr und mehr in Ruhe.

Das Energiesystem des bedürftigen Typs

Das Energiefeld des bedürftigen Typs hat wenig Dynamik und ist schwach, weshalb es ihm nur geringen Schutz bieten kann. Seine ständige Furcht, sein Leben allein nicht meistern zu können, verhindert die Ausdehnung seines Energiefeldes. Die Aura ist an den Füßen besonders schmal. Aufgrund des schwachen Energiefeldes können äußere Einflüsse leicht eindringen, und er reagiert hochsensibel auf seine Umwelt.

Die meiste Energie befindet sich bei diesem Typ im Kopfbereich, vorn an der Stirn. Das Stirn-Chakra und das Scheitel-Chakra sind meist geöffnet. Das heißt, er drückt seine Kraft hauptsächlich intellektuell und verbal aus. Die anderen Chakren sind in der Mehrzahl geschlossen oder energielos. Da meist alle Willenszentren, das heißt die rückwärtigen Chakren, geschlossen sind, konnte sich sein Ich nur bedingt entwickeln. Dies kompensiert er mit Stolz, und er sagt: »Ich bin besser als du.« Auf diese Weise ist er ständig gezwungen, sich mit anderen zu vergleichen.

Die stärkste Blockade sitzt an den Schultern, die er aus Angst hochzieht. Weitere Blockaden befinden sich am Hinterkopf, Hals und Nacken. Der Energiefluss ist meist auch am Kreuzbein, in der Leistengegend, in den Knien und Fußgelenken unterbrochen. Dadurch fällt es ihm sehr schwer, sich zu erden.

Der Selbstgenügsame

Die Haltung des Selbstgenügsamen zum Leben sagt aus: »Ich brauche niemanden. Ich kann es allein bewältigen.«

Dieser Mensch hat die gleiche Grunderfahrung gemacht wie der bedürftige Typ: Er hat in der Kindheit nicht genügend Unterstützung bekommen. Da er von Natur über mehr Energie verfügt als der Bedürftige, entschied er sich für den Weg, seine Bedürfnisse zu verbergen und ganz schnell unabhängig zu werden. Als Kleinkind lernte er sehr früh laufen und sprechen – er wollte so schnell wie möglich alles allein machen. Sein Körperbau ist dem des bedürftigen Typs sehr ähnlich, nur besitzt er bedeutend mehr Kraft, die seinen Körper drahtiger aussehen lässt. Sein Muskeltonus ist bedeutend höher, wodurch er eine gestrecktere Haltung als der Bedürftige bekommt. Die Beine und Arme sind kräftig und unterstützen ihn in seiner Bereitschaft, zu handeln und im Leben voranzukommen.

Sein Vorbild ist der Cowboy, der einsame Kämpfer, der jeder Gefahr trotzt. Er drückt zwar dabei wie der Bedürftige die Knie durch, aber er vermittelt den Eindruck von Handlungsfähigkeit und Energie. Jedes Abenteuer wird zu einer Herausforderung. Er will sich immer wieder beweisen, dass er körperlich und emotional stark genug ist, um alles allein zu schaffen. Trotzdem geht es in seinem Leben stets um die Frage: »Kann ich auf andere zählen?« Und meist wird seine Antwort lauten: »Ich muss alles allein tun. Ich kann mich auf die Unterstützung anderer nicht verlassen.« Aus Angst, mit seiner Bedürftigkeit konfrontiert zu werden, die mit Enttäuschung und Schmerz aus der Kindheit verbunden ist, lehnt er meist jegliche Hilfe ab. Dieses Unabhängigkeitsstreben kann bei Überforderung zusammenbrechen, und sein geringes Ich-Bewusstsein kommt zum Vorschein – mit Gedanken wie: »Ich mache alles falsch. Ich kann nichts, und ich bin vollkommen durcheinander.«

Sowohl der Selbstgenügsame als auch der Bedürftige leiden an der Unterentwicklung des Ichs und versuchen dies mit einer Überbetonung ihres Stolzes auszugleichen, der sagt: »Ich bin besser als du.«

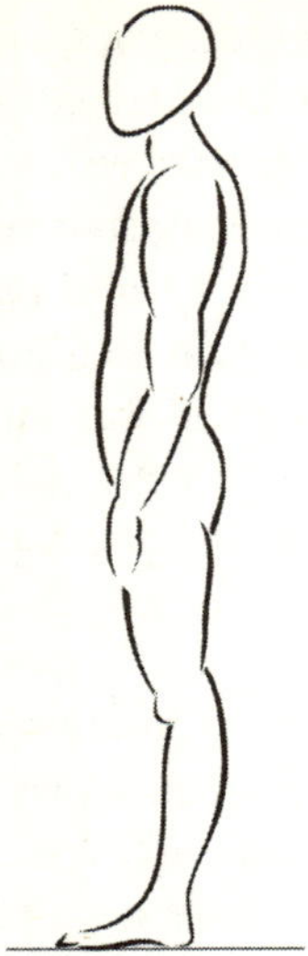

Der Selbstgenügsame

Da der Selbstgenügsame die Botschaft der Mutter in seiner Kindheit – »Werde schnell erwachsen!« – sehr ernst nahm, entwickelte er eine erstaunliche Findigkeit und Fantasie, um sich selbst zu versorgen. Soweit es geht, wird er versuchen, auf allen Gebieten des Lebens unabhängig zu sein. Aus eigenen Erlebnissen habe ich erfahren, dass unter den allein reisenden Globetrottern, die oft dem Selbstgenügsamen entsprechen, ein ungeschriebenes Gesetz existiert: Im Ernstfall ist jeder auf sich selbst gestellt, und es wird auch keine Hilfe erwartet. In schwierigen Situationen fühlt der Selbstgenügsame sich wie ein einsamer Wolf, der auch ohne Rudel diesen Herausforderungen gewachsen ist.
In Beziehungen wird der Selbstgenügsame nur so viel Nähe zulassen, dass sein Sicherheitsgebäude – die Vorstellung, sich

selbst zu genügen und unabhängig zu sein – nicht ins Wanken gerät. Nach einer intensiven Begegnung wird er sich wieder in seine Isolation zurückziehen, um Abstand zu gewinnen. Auch hat er große Angst, verlassen zu werden, so heißt sein Leitsatz: »Ich verlasse dich, bevor du mich verlässt.«

Im Gegensatz zum Bedürftigen geht es bei ihm in der Sexualität auch um das Ausleben der körperlichen Lust. Dieser Bereich kann vielleicht etwas zu kurz kommen, wenn er ebenfalls mit der Überzeugung verbunden ist, sich selbst zu genügen.

Im Berufsleben versucht der Selbstgenügsame, sein Bestes zu geben, und er übernimmt Verantwortung. Er zeichnet sich durch die Fähigkeit zu selbstständigem Arbeiten aus. Dies kann aber auch zur Überlastung führen, da er oft meint, alles allein tun zu müssen. Kaum etwas mag er abgeben. Beispiel: Eine junge Frau, die in meine Praxis kam, litt seit der Geburt ihres zweiten Kindes an einer Abwehrschwäche. Beim ersten Gespräch stellte sich heraus, dass sie sich während der Schwangerschaft, in der es ihr gesundheitlich nicht gut ging, von ihrem Mann sehr allein gelassen fühlte. Ihr Mann war zu jener Zeit beruflich stark gefordert. Sie ging davon aus, dass ihr Mann doch spüren müsste, dass sie nun vermehrt seine Unterstützung brauchte. Da sie ihrer Umwelt bisher immer signalisiert hatte, dass sie mit allem allein fertig wird, und in der Schwangerschaft ihrem Mann ihre Bedürfnisse nicht direkt mitgeteilt hatte, konnte er auch nicht ihre inneren Wünsche erkennen. Sie reagierte mit einer zunehmenden Ablehnung, ihn überhaupt bei der Geburt dabeihaben zu wollen – unter diesen Umständen wollte sie lieber alles allein machen. All das war für sie mit sehr viel Schmerz verbunden. In diesem Zusammenhang fiel ihr ihre Mutter ein, die viel zu früh verlangte, dass sie erwachsen sein sollte. Die Mutter reagierte schnell emotional und erzählte ihr oft von ihren eigenen Problemen. So war sie aufgerufen, für sich und auch für die Mutter die Verantwortung zu übernehmen. Für Bedürfnisse und Sorgen der Tochter hatte die Mutter nur wenig Platz. Im Rahmen der Behandlung begann die Frau, an der Beziehung zu ihrer Mutter zu arbeiten. Sie sprach auch mit ihrem Mann über ihre Gefühle der zurückliegenden Schwangerschaft und über ihre Bedürfnisse. Durch die direkte Arbeit am Energiesystem der Patientin und der Bearbeitung des emotionalen Problems löste sich die Abwehrschwäche auf.

Das Energiesystem des Selbstgenügsamen

Das Energiefeld des Selbstgenügsamen ist stärker und größer als das des Bedürftigen. Er kann sich deshalb auch besser abgrenzen als dieser. Der Ätherkörper dehnt sich mehr aus und zeugt von mehr körperlicher Kraft. Der Emotionalkörper hingegen weist wenig Farbe und Energie auf. Der Mentalkörper wiederum ist recht aktiv – hell und gelblich.

Das Wurzel-Chakra ist geschlossen, da er von Kindheit an die nährende Energie verweigert. Das Solarplexus- und das Stirn-Chakra sind in der Regel geöffnet, was auf einen starken Gebrauch des Intellekts hindeutet. Die restlichen gefühlsbezogenen (vorderen) Chakren sind geschlossen. Sein rückwärtiges Sexual- und sein rückwärtiges Hals-Chakra (zweites und fünftes Willenszentrum) sind meist offen, damit verfügt er über eine bessere Durchsetzungskraft als der Bedürftige. Das Scheitel-Chakra kann geöffnet sein.

Die stärksten Blockaden sitzen wie beim Bedürftigen im Schulter-Nacken-Bereich, ebenso in den Kniegelenken.

Die Haltung des Dominanten zum Leben sagt aus: »Ich bin der Größte. Ich muss die Macht haben.«
Die breiten Schultern, die starken Arme, der aufgeblasene Brustkorb und der große Kopf spiegeln diese innere Haltung im Äußeren wider. Der mächtige Brustkorb des Dominanten entsteht dadurch, dass er die Luft beim Einatmen in der Brust festhält und nur eine geringere Menge wieder ausatmet.
Der Dominante macht nicht nur seiner Umwelt etwas vor, sondern auch sich selbst. Seine Illusion verkauft er anderen als Wirklichkeit, und er identifiziert sich selbst so stark damit, dass er daran glaubt. Er vermittelt, dass er etwas Besonderes ist: unverletzlich, ohne Bedürfnisse und Ängste. Hinter dieser Illusion verbergen sich jedoch das Gefühl der Unwichtigkeit sowie die Angst, benutzt zu werden und ohnmächtig zu sein.
Seinem Erscheinungsbild von Bedeutung und Macht versucht er ständig gerecht zu werden und sich auf keinen Fall durch andere entlarven zu lassen. Seine größte Befürchtung besteht darin, dass ein anderer und/oder er selbst sein wahres, verletztes, ohnmächtiges Selbst, das Schwäche zeigt und bedürftig nach Nähe ist, wahrnimmt. Die Macht, die er besitzt, kann deshalb nie genug sein.
Die Augen des Dominanten wirken wachsam und misstrauisch, immer bereit, Dinge, die ihm gefährlich werden und seine Machtposition untergraben könnten, zu erkennen. Er hat schon früh die Fähigkeit erworben, das Verhalten seiner Eltern zu durchschauen, um nicht mehr gedemütigt und benutzt zu werden – und um noch geschickter als sie zu manipulieren.
Unter den Therapeuten gibt es viele, die mit Anteilen dieses Charakters ausgestattet sind und die diese Fähigkeit, hinter

die Fassade zu blicken, nutzbringend in ihre Arbeit einfließen lassen.
Die Energie dieses Menschen sitzt im Brustraum, im Schultergürtel, in den Armen und hauptsächlich im Kopf. Der Rest des Körpers ist nicht genügend mit Energie versorgt: Die Bauchdecke ist eingeengt und drängt nach oben (sie kann sich nach oben vorwölben); das Becken kann dünn, schmal, fest und steif sein. Die Beine sind dünn und die Füße meist kalt; es fehlt ihnen die Bodenhaftung.
Wenn der Dominante wirklich auf dem Boden stehen würde, könnte er erkennen, dass er sich eine Pseudowirklichkeit aufgebaut hat, und entscheiden, ob diese seinem Lebenswunsch entspricht. Dieser Aufbau einer eigenen Wirklichkeit geht so weit, dass er ohne Absicht oftmals lügt, da er sein Bild der Dinge für wahr hält. Das Weltbild des Dominanten mag als eine Erklärung für das Verhalten der in Affären verwickelten Politiker dienen, die meist über lange Zeit versuchen, ihre Unbescholtenheit mit viel Selbstsicherheit zu demonstrieren, und auch nicht vor Gegenangriffen zurückschrecken (»Darauf gebe ich mein großes Ehrenwort«).
Die Stimme des Dominanten hört sich im Vergleich zu seinem massiven Körper überraschend weich und freundlich an. Hinter seiner generellen Freundlichkeit, Hilfsbereitschaft und der sanften Stimme versteckt er seine enorme Wut darüber, benutzt worden zu sein. Er hat große Angst, dass diese Wut geballt zum Ausdruck kommt.
Streiten ein Dominanter und ein Flüchtender miteinander, stehen sich ein Mensch mit hochrotem und einer mit bleichem Gesicht gegenüber. Der Dominante zeigt ein hochrotes Gesicht, da die Energie verstärkt in seinen Kopf fließt, der Hals dann blockiert und die Energie sich daraufhin im Kopf staut und seine Wut sichtbar wird. Der Dominante wird versuchen,

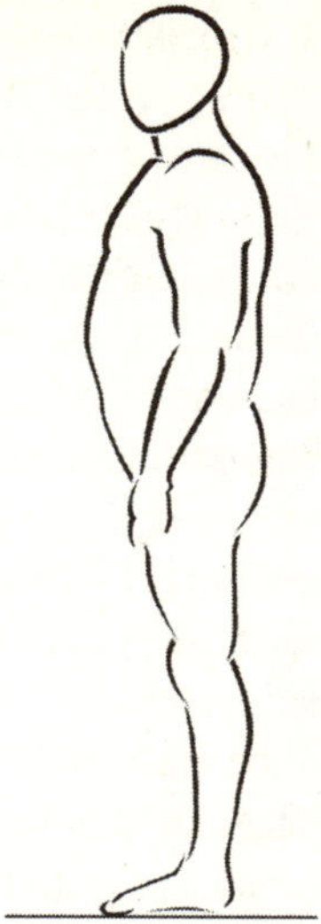

Der Dominante

sein Gegenüber zu beherrschen und den Streit zu gewinnen. Der Flüchtende, dessen Gesicht immer mehr an Farbe verliert, zieht inzwischen seine Energie aus dem Körper nach oben heraus und ergreift die Flucht.

Von einem Menschen des dominanten Typs geht oft eine Faszination aus, da er mutig, willensstark und schwungvoll ist. Dominante nehmen jede Herausforderung an, sei sie auch noch so schwierig. In der Rolle des Retters blühen sie förmlich auf. Viele führende Persönlichkeiten im öffentlichen Leben setzen diesen Teil ihrer Charakterstruktur ein, um Erfolg zu haben.

Der Dominante schart gern eine Gruppe von Menschen um sich, und die Bedingungen, wie der Kontakt aussehen soll, legt allein er fest. Jede Situation entwirft er so, dass die anderen seine Hilfe brauchen und von ihm abhängig sind. Eine gleichberechtigte Beziehung bedeutet für ihn einen Status- und Machtverlust. Aus diesem Grund hat er große Schwierigkeiten, in intimen Beziehungen wirklich Nähe zuzulassen. Stattdessen dominiert und kontrolliert er. Wenn der Partner ihn braucht und zu ihm aufschaut, fühlt er sich sicher und kann etwas Nähe zulassen (siehe auch das Beispiel einer Interaktion zwischen einem Bedürftigen und einem Dominanten auf Seite 102). Der Dominante sorgt gern für den anderen, ist liebevoll und großzügig, wenn dieser ihm den nötigen Respekt und die Wertschätzung, die er braucht, entgegenbringt und keine emotionalen Forderungen stellt.

Sex verbindet er generell mit seinem Willen zu erobern. Auch hier wendet er viel Energie auf, um sein Selbstbild aufrechtzuerhalten, und die Befriedigung und die Lust werden zur Nebensache.

In der Arbeitswelt geht der Dominante seine Aufgabe mit Kraft und Elan an. Er hat die Fähigkeit, Kollegen zu überzeugen und zu begeistern, doch oft besteht er auf seinen Ansichten und ist dann wenig kooperativ. Am wohlsten fühlt er sich in der Rolle des Retters, und so trifft man ihn häufig in entsprechenden Berufen, zum Beispiel Krankenschwester oder Feuerwehrmann.

Gewöhnliche menschliche Ängste belasten ihn nicht, und er kann unbeirrt auf seine Aufgaben zugehen und Lösungen nach seinem Willen durchsetzen. Er besitzt starke Führungsqualitäten. Aber durch die Ablösung des patriarchalischen Zeitalters durch das technokratische verliert der rein dominante Typ immer mehr an Wichtigkeit in den höheren Positionen der Arbeitswelt. Beispiel: Eine Kursteilnehmerin, die nach einem meiner Seminare eine neue Arbeit annahm, sah sich nach kurzer Zeit wieder in eine für sie bekannte Situation verwickelt: Ihr Vorgesetzter versuchte durch Intrigenspiele, ihre Position zu untergraben. Da sie sich ihrer Abwehrstrategie, die der eines Dominanten entsprach, inzwischen bewusst war und schnell die Verhaltensweisen ihres Vorgesetzten einschätzen konnte, der mit den Mustern des Umgarnenden und des Machers agierte, entschloss sie sich gegen einen aufreibenden Kampf. Vor einigen Jahren hatte sie die Erfahrung machen müssen, dass ein Machtkampf um ihren Arbeitsplatz bei ihr eine Neurodermitis auslöste. Sie war damals Spielball zweier Vorgesetzter und versuchte mit aller Kraft, um ihre Position zu kämpfen. Je länger der Konflikt dauerte und extremer wurde, desto schlimmer wurde die Neurodermitis – bis sie aus gesundheitlichen Gründen die Kündigung einreichte. Die Hauterkrankung heilte daraufhin langsam ab. Dieses Mal jedoch schaute sie sich die Arbeitssituation kritisch an, und nach einigen Versuchen, die Lage mit anderen Mitteln als bisher zu klären, kam sie zu dem Schluss, dass sie ihre Kraft für das Produkt einsetzen und nicht in einen lang währenden Machtkampf stecken wolle. Sie kündigte und gründete mit einem Arbeitskollegen eine eigene Firma. Jetzt können ihre Fähigkeiten und ihre Kraft in die Verwirklichung der Firmenziele einfließen, und ihr kämpferischer Geist kann der Sache dienen.

Der dominante Typ und sein Energiesystem

Die Energie des Dominanten befindet sich hauptsächlich in der oberen Hälfte seines Körpers, auch sein Erscheinungsbild spiegelt dies wider. Er besitzt viel Kraft, nur kann sie sich im unteren Bereich seines Körpers nicht ausbreiten, da die unteren Chakren nicht voll funktionsfähig sind und die Energie nach oben gedrückt wird. So sind auch die Aura-Schichten im unteren Teil nicht genügend versorgt und liegen relativ eng um Beine und Füße. Der Dominante wird von seiner Aura nicht in der typischen Eiform umgeben, sondern sie ist unten schmal und dehnt sich ab dem Brustkorb nach oben hin stark aus.

Die Willenszentren sind stark entwickelt, besonders das Zentrum zwischen den Schulterblättern: die Rückseite des Herz-Chakras. Dieses vierte Chakra hängt mit dem Ich-Willen zusammen, der befähigt, nach außen zu handeln. Da das Herz-Chakra, das vordere vierte Chakra, beim Dominanten nur wenig geöffnet ist, kommt es zu einem Ungleichgewicht, und Handlungen werden nur mit Wille und Kontrolle ausgeführt. Die annehmende Seite, die das Herz-Chakra ausdrückt – das heißt die Fähigkeit, auch loslassen und vertrauen zu können –, kommt nicht zum Zug.

Das Stirn-Chakra ist offen, und der Intellekt spielt damit eine große Rolle. Aber über allem steht der Wille. So ist es nicht verwunderlich, dass die gefühlsorientierten vorderen Chakren nur gering geöffnet oder sogar geschlossen sind. Das Scheitel-Chakra ist nur teilweise in Funktion.

Die stärksten Blockaden des Dominanten sitzen im Leistenbereich, Gesäß, Kreuz und Darm. Dort entstanden sie jeweils durch einen Mangel an Energie. Die Blockaden an Schultern, Ellenbogen und Oberschenkeln hingegen entstanden durch eine Stauung der Energie. Dies erzeugt den Eindruck, als wäre der Mensch an diesen Stellen gepanzert, und die stark angespannte, harte Muskulatur unterstreicht dies noch.

Die Haltung des Umgarnenden zum Leben sagt aus: »Ich bekomme, was ich will, weil ich raffinierter bin als die anderen.« Dieser Typ musste in seiner Kindheit das Gleiche erleben wie der Dominante: Wenn er Mitgefühl und Hilfe von der Mutter erwartete, benutzte diese seine Bedürfnisse, um ihre eigenen Wünsche zu erfüllen. Im Gegensatz zum Dominanten wählt er jedoch nicht die Machtdemonstration, um seine Bedürfnisse zu befriedigen, sondern der Umgarnende erreicht dies durch sein verführerisches, zuvorkommendes und charmantes Wesen. Er agiert nicht in direkter Weise und tritt auch nicht selbstbehauptend auf. In der Regel übernimmt dieser Typ Mensch auch keine Verantwortung. Er manipuliert gern andere, damit diese für ihn die Initiative übernehmen und handeln. Beispiel: Die Lebenssituation eines Mannes mittleren Alters gestaltete sich so, dass es an der Zeit war, sich selbstständig zu machen. Er mietete Büroräume an und bezog einige seiner Freunde mit ein, die dann bei seiner Unternehmung intensiv mitreden und tätig werden sollten. So wiegte er sich mehr und mehr in der Illusion, für sein Tun nicht allein verantwortlich zu sein. Sein Denkgebäude stürzte jäh in sich zusammen, als ihm sein Vater die rechtliche Situation erklärte, dass er nämlich für alles allein haftbar ist und kein Freund ihm die Verantwortung abnehmen kann.

Der Umgarnende gehört zu den so genannten gut gebauten Menschen. Sein verführerischer Körper ist regelmäßig oder auch V-förmig. Der Mensch des umgarnenden Typs ist körperlich genauso sehr beweglich wie in seinem Verhalten zu anderen Menschen. Seine Oberflächenmuskulatur ist weich, die Muskelschicht darunter angespannt. Die Beine sind eher dünn, und die Füße stehen nicht wirklich fest auf dem Boden.

Seinem weichen und verführerischen Blick sind wahrscheinlich schon viele Menschen erlegen. Die Stimme wirkt angenehm, ohne Resonanz und Schärfe. Auf diese Weise läuft er nicht Gefahr, seine eigentlichen Gefühle zu enthüllen. Er tut alles dafür, dass seine Emotionen verborgen bleiben: Er vermeidet aggressive Gesten und bricht auch nicht psychisch zusammen. Seine Wut maskiert er hinter einer groß erscheinenden Hilfsbereitschaft. Er ist ein angenehmer Begleiter, rücksichtsvoll, nett, charmant und witzig. Um zu verhindern, dass seine Spiele durchschaut werden, schmiedet er gern Pläne und entwickelt Strategien.

In Beziehungen lässt er genauso wenig Nähe zu wie der Dominante. Er neigt mehr dazu, mehrere »Häfen« anzulaufen, um sich nicht festlegen zu müssen. Sein Unterleib ist energetisch überladen und hat keine Verbindung zum Herzen, so dass er stark trieborientiert lebt. Eine wichtige Rolle spielt dabei auch sein Eroberungswille. Es fällt ihm schwer, eine Herzensbeziehung einzugehen.

In der Arbeitswelt fällt der Umgarnende durch sein kommunikatives Verhalten auf. Er ist ein Meister darin, anderen Menschen Informationen zu entlocken, die ihm dienlich sind. So stellt er gern Fragen, ohne von sich selbst etwas preiszugeben. Er hat auch die Fähigkeit, Kollegen für seine Belange einzuspannen. Dies macht er oft so geschickt, dass der betreffende Kollege es gar nicht bemerkt oder das Spiel des Umgarnenden erst durchschaut, wenn die Arbeit getan ist. Reporter, Showmaster und Vertreter setzen häufig Anteile des Umgarnenden für ihre Zwecke ein.

Beispiel: Eine Firma wird von zwei Chefs geführt. Der eine entspricht mehr dem Dominanten: Er poltert gern los und sagt geradeheraus, was er will. Der andere, ein Umgarnender, redet mit den Angestellten viel über private Dinge: zum Beispiel

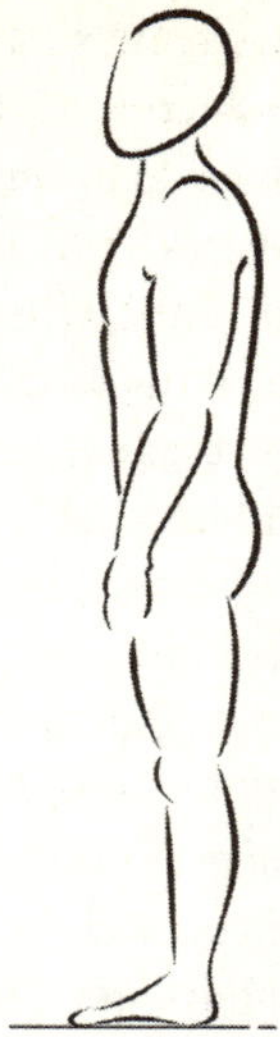

Der Umgarnende

über Tennis mit dem Mitarbeiter, der begeisterter Tennisspieler ist, oder mit einem anderen über dessen Hausbau. Viel später taucht dann der wahre Grund für seine Konversation auf. Zum Beispiel, dass eine zusätzliche Arbeit noch zu erledigen ist oder dass er etwas über einen anderen Arbeitskollegen erfahren möchte. Inzwischen weiß die ganze Belegschaft über die Methoden dieses Chefs Bescheid und empfindet es als unangenehm, wenn er besonders freundlich wird. Sie kommen mit der Art des dominanten Chefs besser zurecht, auch wenn dieser gröber ist und oft unverblümt spricht – sie wissen bei ihm wenigstens, woran sie sind.

Das Energiesystem des Umgarnenden

Im Gegensatz zum Dominanten dehnt sich die Aura des Umgarnenden mehr eiförmig aus, da sich die Energie auch im Beckenbereich verteilt. Die Aura-Schichten sind erst ab den Beinen unterversorgt und liegen dort eng am Körper an. Diese Schwäche im Energiefeld wird durch das in seiner Funktion gestörte Wurzel-Chakra verursacht; ebenso wie der Dominante ist der Umgarnende schlecht geerdet.

Das Sexual-Chakra hingegen ist besonders am Rücken stark entwickelt und vorn wie hinten offen. Dies führt zu einer Überladung in diesem Gebiet, da ein starkes Missverhältnis zu den anderen Chakren besteht. Das Verhalten des Umgarnenden ist daher oft sexuell beeinflusst. Das Solarplexus-Chakra, das unter anderem die Sexualität mit dem Herzen verbindet, ist meist geschlossen, ebenso das Herz-Chakra selbst. Das Stirn-Chakra ist offen; die Willenszentren am Rücken sind zum Teil offen. Der Umgarnende lebt daher wie der Dominante hauptsächlich durch seinen Verstand, wobei beim Ungarnenden der Wille nicht so stark ausgeprägt ist. Verstand und Wille tarnt er gern nach außen und vermittelt mehr eine rezeptive, empfängliche Seite.

Energieblockaden finden sich vor allem in den tieferen Schichten der Muskulatur. Sie können sowohl in den Extremitäten als auch am Rumpf auftreten. Zu Energiestaus kommt es verstärkt im Becken, wenn er kein Ventil für seine überschüssige Sexualenergie findet.

Der Ausharrende

Die Haltung des ausharrenden Typs zum Leben sagt aus: »Ich bin ein unschuldiges Opfer.«
Seine Erscheinung wirkt insgesamt schwer und niedergedrückt, als würde er gleich mit den Füßen voran in der Erde versinken. In der Kindheit hat er begonnen, einen dicken Wall um sich zu ziehen – mit dem Ziel, sich vor den Zugriffen der Mutter zu schützen, die genaue Vorstellungen hatte, wie er sein sollte, und jede seiner Initiativen unterdrückte. Er baute nicht nur eine energetische Mauer aus Emotionen und Gedanken zum Schutz für sein Selbst auf, sondern auch sein Körper entwickelte eine ausgeprägte Muskel- und Fettschicht. Dieser Mensch wirkt dadurch wie eine starke Festung, der man die äußeren Angriffe zwar ansieht, aber deren Innenleben uneinnehmbar bleibt. Er kann in jeder Situation so lange ausharren, bis sie sich von selbst auflöst.
Sein nach vorn geneigter Oberkörper und sein runder, schwerer Rücken, der aussieht, als müsse er schwere Lasten tragen, machen auch nach außen seine Einstellung sichtbar. Er meint, dass das Leben eine einzige Pflichtübung ist und es darin keine Freude, geschweige denn Spaß für ihn gibt. Das Gesäß ist flach und voll Spannung. Es sieht so aus, als würde er wie ein Hund den Schwanz einziehen – aufgrund von Scham und der Erniedrigung, die ihm widerfahren ist. Der Hals ist kurz und dick und ähnelt einem Stiernacken. Der Kopf beugt sich nach vorn, als warte er schon auf den nächsten Schlag. Der ausharrende Typ musste sich schon als Schulkind viele Hänseleien gefallen lassen, da er gutmütiger, langsamer, unbeholfener und durch seinen Körperbau behäbiger war als die anderen. Später wurde er dann zur beliebten Zielscheibe seiner Kollegen.

Die Arme und Beine des ausharrenden Typs sind muskulär stark entwickelt. Sie wirken aber genauso leblos wie der Rest des Körpers. Die Schwere des Körpers und vor allem der Beine verstärkt sein Grundgefühl, im Morast festzustecken. Da seine Hauptstrategie aus Widerstand besteht, der durch sein inneres Nein zementiert wird, kann es zu keiner Bewegung kommen. Der Energiefluss wird im Inneren aus Angst festgehalten und kontrolliert, indem er den Körper zusammenpresst. Auch spannt er seinen dicken Unterkiefer an, um seinen eigenen Impulsen keinen Ausdruck zu geben. Für ihn würde es ein viel zu großes Risiko bedeuten, sich auszudrücken und eigenständig zu handeln. In der Kindheit wurden seine Autonomiebedürfnisse von seiner Mutter unterdrückt, und er bekam das Gefühl, seine Impulse seien schlecht. Dadurch verlor er mit der Zeit das Bewusstsein für seine eigene Würde und den Respekt für sich selbst. Dieses Fehlen an Stolz spiegelt sich in seinem ganzen Körperbild wider.

Widerstand leistet er durch Verzögerungstaktiken. Auf diese Weise durchkreuzte er einst den Willen der Mutter und später den seiner Mitmenschen. Mit diesem Verhalten vermittelt er den Eindruck, dumpf und dumm zu sein, was in Wirklichkeit jedoch nicht stimmt.

Durch seinen unschuldigen Gesichtsausdruck, seinen leidenden Blick, seine unbeholfene Art und sein Klagen löst der Ausharrende bei den anderen Mitleid aus. Auf Vorschläge, wie er seine Situation verändern könnte, reagiert er mit einem »Ja, aber ...«. Innerlich läuft dabei das automatische »Nein!« ab, da ihn die Situation an die Bevormundungen durch die Mutter erinnert. Er will keine Lösungen – er will irritieren und provozieren. Wird sein Gegenüber aufgrund seiner Renitenz ärgerlich, so hat er endlich ein Ventil für seine enorme Anspannung und Wut gefunden. Er hätte nie den Mut, mit

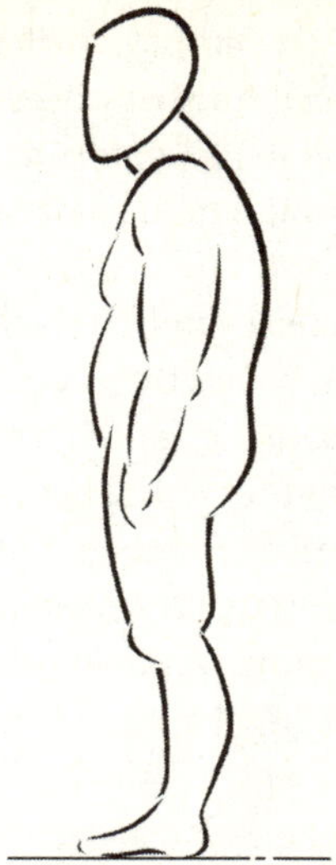

Der Ausharrende

seinen Impulsen offen und frei nach außen zu treten. So bleibt ihm nur die Möglichkeit, den anderen indirekt zu verärgern, um dann ebenfalls wütend sein zu dürfen. Seine Spannung im Körper wird dadurch abgebaut, und er fühlt sich besser.

Der Ausharrende will seine Opferrolle gar nicht aufgeben, sonst müsste er die Führung in seinem Leben übernehmen und für sich selbst verantwortlich sein. So kann auch niemals etwas sein eigener Fehler sein. Immer ist jemand anders schuld, oder es lag einfach an den Umständen. Er löst gern Schuldgefühle bei seinen Freunden aus, die sich fragen, warum er im Gegensatz zu ihnen immer so viel Pech hat; er würde sich doch so sehr bemühen.

Der Ausharrende liebt es, etwas für andere zu tun. Er besitzt sehr viel überschüssige Energie, weil er alles an sich hält. Wenn sich zum Beispiel ein Bedürftiger und ein Ausharrender treffen, fühlen sich beide wohl. Der Bedürftige bekommt endlich viel Energie, und der Ausharrende fühlt sich erleichtert.

Der Ausharrende ist meist ein liebevoller Mensch mit einem großen Bedürfnis nach Nähe. Diese vermag er aber nur zuzulassen, wenn er unterwürfig ist, da er Liebe mit Gehorsam, Verantwortung und Verpflichtung verbindet. Durch diese Unterwürfigkeit kann seinen Bemühungen etwas unangenehm Opportunistisches anhaften. Der Ausharrende kann sich aber auch in die Richtung eines verklemmten und unaufrichtigen Zeitgenossen entwickeln, der unterschwellig boshafte Tendenzen zeigt.

In Beziehungen wird der Ausharrende gern zum Seelenmülleimer des anderen. Durch sein Minderwertigkeitsgefühl glaubt er oft, dass es seine Schuld ist, wenn es dem anderen schlecht geht oder Schwierigkeiten in Beziehungen auftreten. Hat der ausharrende Typ einen Ehepartner und Kinder, geht er ganz in seiner Familie auf. Er liebt es, für einen anderen da sein zu können. In Beziehungskrisen gibt er nicht gleich auf, sondern hält durch und wartet, dass die Zeiten wieder besser werden.

Zu Lust und Erotik kann der ausharrende Typ ein gespaltenes Verhältnis haben. So sucht er zwar Körperkontakt, versagt sich aber die Lust an der Sexualität.

In der Arbeitswelt fallen besonders seine Ausdauer und seine Hartnäckigkeit auf. So kommt er auch mit dem langweiligsten Job zurecht. Wenn andere schon längst aufgegeben haben, bleibt er stur sitzen.

Der Ausharrende ist seinen Freunden oder seinem Chef gegenüber meist loyal. Beispiel: Eine Patientin kam einige Jahre lang mit immer wiederkehrenden psychosomatischen Beschwerden und demselben emotionalen Thema in meine Praxis: Ihr Chef würde sie und ihre Arbeit nicht genug würdigen, aber auch sie selbst könne seine allgemeine Handlungsweise nicht gutheißen. Trotzdem existierte für sie zwischen ihnen ein dickes Band, von dem sie nicht loskam. Es ging so weit, dass er die Gehälter nicht mehr voll auszahlen konnte und sie für den halben Lohn arbeitete. Obwohl dies für sie eine starke finanzielle Einschränkung bedeutete, blieb sie, und zwar mit dem Argument, dass sie in dieser schwierigen Situation die Firma doch nicht im Stich lassen könne, und sie habe Angst, keinen neuen Job zu finden. Erst nach langer Arbeit an sich selbst gelang es ihr, zu ihrem Chef Nein zu sagen – und Ja zu sich selbst. Sie kündigte daraufhin und forderte ihren ausstehenden Lohn ein.

Das Energiesystem des ausharrenden Typs

Der ausharrende Typ hat eine große, stark aufgeladene Aura, da die Energie, die nach außen fließen will, kurz vorher wieder umdreht und sich im physischen Körper und im Energiefeld staut. Dies geschieht aufgrund seiner Angst, wieder gedemütigt, bestohlen und/oder missbraucht zu werden.

Der Ausharrende wirkt zwar wie eine uneinnehmbare Festung, doch seine Aura ist porös, und die emotionalen Energien seiner Umgebung können ungehindert eindringen. Es liegt daran, dass seine körperlichen Grenzen in der Kindheit nicht gewahrt wurden und es ihm dadurch nicht möglich war, die Grenzen seiner Aura voll zu entwickeln.

Das Herz-Chakra ist meist offen; es wird aber von der Blockade im Brustbereich eingeschnürt und dadurch in seiner Funktion beeinträchtigt. Das Hals-Chakra ist geschlossen und unterentwickelt, da der ausharrende Typ vermeidet, sich selbst

zum Ausdruck zu bringen. Weitsicht und Verständnis fehlen ihm meist nicht, da das Stirn-Chakra häufig geöffnet ist. Diese Eigenschaften kann er oft nur für seine Umwelt zum Einsatz bringen, nicht aber für eigene Belange. Das Scheitel-Chakra ist häufig unterentwickelt und geschlossen, da die Beeinflussung im Elternhaus hauptsächlich materieller und nicht spiritueller Natur war. Das Solarplexus-Chakra, das mit seiner Gedankenwelt in Verbindung steht, entwickelte sich hingegen gut und ist meist offen. Die Sexualzentren sind erschöpft, wobei das hintere weiter offen sein kann. Die Funktion des Wurzel-Chakras kann beeinträchtigt sein, da beim Ausharrenden das Vertrauen in die Welt gestört ist.
Energiestaus finden sich überall in seinem physischen Körper und in seinem Energiefeld. Sie wirken wie ein Panzer, besonders diejenigen im oberen Rücken und im Schulterbereich. Dies beeinflusst auch die Willenszentren am Rücken und stört sie in ihrer Aktivität. Es fällt dem ausharrenden Typ deshalb schwer, sich willensmäßig durchzusetzen. Blockaden bildeten sich auch verstärkt im Bereich der Brust, des Gesäßes, der Leisten, der Knie und der Waden.

Der Macher

Die Haltung des Machers zum Leben sagt aus: »Ich muss mich anstrengen, damit alles perfekt ist, was ich tue.«
Der Macher wacht extrem über sein Herz, da er als Kind immer wieder erleben musste, dass seine Liebe vom Vater zurückgewiesen wurde und möglicherweise nur seine Leistung zählte. Um diesen Schmerz nicht mehr erleben zu müssen, panzert er sich wie zu Ritterzeiten mit einem »Kettenhemd« nach außen ab. Er schützt sich auf diese Weise vor äußeren Einflüssen und

hält damit auch seine Gefühle zurück. Körperlich zeigt sich dies in einer verstärkten Muskelanspannung am Rumpf, die keine Weichheit zulässt, und aus energetischer Sicht in einer erhöhten Spannung, die ihn umgibt. Dies führt dazu, dass seine Mitmenschen ihn als distanziert empfinden. Die Brust wölbt sich nach vorn und demonstriert nach außen seinen Stolz und seine Stärke, hinter denen er geschickt vor sich und anderen seine Sehnsucht nach Zärtlichkeit verbirgt. Sein ganzer Körper erscheint wohlproportioniert und integriert; er weist einen guten Muskeltonus auf.

Der hoch erhobene Kopf und die gestreckte Körperhaltung des Machers drücken ein starkes Selbstwertgefühl aus. Der wohlgeformte Körper spiegelt seinen Perfektionsanspruch hinsichtlich des Erscheinungsbildes wider. Er ist der Überzeugung, dass er perfekt sein muss, um Zustimmung zu erhalten. Der Vater hat ihn in der Kindheit immer wieder spüren lassen, dass seine Leistungen nicht gut genug sind, oder der Vater hat sich gar nicht dafür interessiert.

Der Rücken ist extrem gespannt und gebogen, er wirkt wie ein Flitzbogen. Der Macher scheint jederzeit auf dem Sprung zu sein, um alle Anforderungen zu erfüllen. Er agiert dabei immer produktiv und zielorientiert. Einfach nichts zu tun und nur zu »sein«, das wäre für ihn nicht in Ordnung. Auch hat er Angst, seine Gefühle könnten – etwa in einer Phase der Ruhe – zutage treten und er wäre mit seiner inneren Leere konfrontiert und müsste sein rastloses Tun hinterfragen.

Die Schultern des Machers können nach hinten geneigt und hochgezogen sein. Sie drücken aus: Hier steht ein Mensch, der Verantwortung tragen kann. Beim Macher findet sich oft eine Anspannung im Stirnbereich, da er ständig konzentriert sein muss, um Fehler auszuschalten. Der Nacken ist durch die

Anspannung steif, und die Augen leuchten voll Energie. Der kräftige Unterkiefer spiegelt seine Bestimmtheit und seine Entschlusskraft wider. Der Bauch ist meist flach und fest. Seine eigenen Gefühle werden damit eng zusammengehalten, da er Angst vor ihnen hat. Sie zuzulassen würde eine persönliche Niederlage bedeuten und seinen Stolz verletzen. Das Becken kippt nach vorn, wodurch sich ein wohlgerundetes Gesäß zeigt. Die Beine wirken aufgrund der vermehrten Spannung an der Hinterseite der Oberschenkelmuskulatur und der Wadenmuskulatur starr. Die Arme sind gut entwickelt und unterstreichen seine Fähigkeit, Dinge anzupacken und umzusetzen. Es kann vorkommen, dass der Macher mit seinen Fingern trommelt und mit seinen Beinen wippt – auf diese Weise entledigt er sich seiner überschüssigen Energie.
Seine Bewegungen drücken generell Bestimmtheit und Dynamik aus. Sein ganzer Körper ist hoch geladen, die Energie kann jedoch nicht frei fließen. Der Mensch des Macher-Typs zwängt sie in das Korsett seiner Überzeugungen und setzt sie meist nur im Rahmen seines Perfektionsstrebens und Aktionismus ein. Auf der körperlichen Ebene kontrolliert er seine Gefühle durch die starke Muskelspannung. Auf der gedanklichen Ebene hängt er sich zur Sicherheit an Fakten, Regeln und Details.
Je mehr Leistung er sich abverlangt, desto kleiner wird sein Fokus. Es gibt dann für ihn nur noch das eine Thema, und alle anderen Lebensbereiche werden ausgeblendet. Er trägt Scheuklappen wie ein Pferd, dem dadurch nur der eingeschränkte Blick nach vorn bleibt. Indem er noch mehr arbeitet und alles andere ausblendet, kann der Macher leicht emotionalem Stress aus dem Weg gehen. Bei einem Streit mit dem Partner kann es gut sein, dass ein Mensch des Macher-Typs unbedingt noch etwas im Büro zu erledigen hat, selbst wenn es an einem Wochenende ist.

Der Macher

Solange der Macher nicht aus seinem Muster herauskommt, sich beweisen zu müssen, ist er eigentlich ständig frustriert. Er sucht sich gern einen Chef als Ersatzvater, um diesen dann mit seinen Leistungen zu erfreuen. Das Gefühl, ständig gefordert und infrage gestellt zu werden, kann er dadurch aufrechterhalten. Wenn er Kritik befürchtet, wird er schon im Vorfeld aggressiv und versucht damit, seinem Gegenüber den Wind aus den Segeln zu nehmen. Trotz seiner Erfolge empfindet er jedoch keine Genugtuung, und er eilt schon wieder weiter, um noch mehr zu leisten. Er kann keine Befriedigung erlangen, da er mit dieser Strategie immer wieder seinen wahren Bedürfnissen ausweicht.

Trotz seiner Zurückhaltung in emotionalen Belangen kann der Macher von allen beschriebenen acht Charaktertypen am besten enge Beziehungen eingehen. Er manipuliert nicht, um Nähe zuzulassen. Vielmehr führt er Manöver durch, um nicht seine Bedürfnisse und seine Verletzlichkeit zeigen zu müssen. In einer Beziehung spielt er nicht den Überlegenen, denn er wünscht sich eine gleichberechtigte Partnerschaft. Liebe ist für ihn immer mit Leistung verbunden, das heißt, er denkt, er müsse sie sich erst verdienen. Beispiel: Ein erfolgreicher Geschäftsmann hat eine attraktive, intelligente Ehefrau und zwei bezaubernde Kinder sowie einen netten Freundeskreis. Er nennt ein Eigenheim und zwei Autos sein Eigen. Es fehlt kein Statussymbol; die Welt scheint vollkommen in Ordnung zu sein. Doch trotz seines Erfolges arbeitet er immer mehr. Abends sitzt er auch zu Hause weiter an seinen Geschäftspapieren und bemerkt die aufkommende Unzufriedenheit seiner Frau nicht. Er nickt nur automatisch, wenn sie sich mit ihm auseinander setzen will. So geht es über eine längere Zeit, bis er eines Tages nach Hause kommt und nur einen Zettel mit den Worten vorfindet: »Ich will nicht mehr! Ich lasse mich scheiden.« Für den Macher-Typ bricht die Welt zusammen: Es war doch alles in bester Ordnung; wir hatten doch alles. Er hat doch immer gearbeitet, damit es seiner Familie an nichts fehlt. Die Reaktion seiner Frau ist ihm unverständlich.

In sexuellen Dingen ist der Macher sehr aktiv und sucht permanent Bestätigung. Auf der Suche nach dem idealen Partner geht es um Verfolgung und Eroberung, was zur Dauerbeschäftigung werden kann, da bei jeder neuen Eroberung Zweifel kommen können, ob es für ihn nicht noch einen besseren Partner gibt. Der Macher hat Freude am Sex. Aber auch in diesem Bereich schlägt sein Muster zu, das Leistung fordert. Er gönnt sich keine längere Entspannungspause, in der er seine Befriedigung spüren könnte, sondern muss es sofort wieder tun. Sex und Liebe sind für ihn zwei getrennte Bereiche, da er

Angst hat, sein Herz zu öffnen. Das Herz zu öffnen bedeutet für ihn, nachzugeben und loszulassen. Davor hat er aber die meiste Angst, da er dann seine Kindheitsverletzung spüren würde.

Im Beruf ist er erfolgreich, zielorientiert, nach vorn strebend, kompetent und verantwortungsbewusst. Er denkt und arbeitet schnell. Der Macher ist hauptsächlich leistungsorientiert und kann sich als Workaholic hinter einer Arbeitssucht verstecken, wie sie unsere heutige Arbeitswelt begrüßt und hervorbringt.

Seine arbeitsorientierte, leistungsbewusste Einstellung, gepaart mit Verantwortungsgefühl und dem Bedürfnis, Regeln zu befolgen, machen ihn zu dem »verantwortlichen Bürger« unserer Zeit. Die heutigen Führungskräfte agieren unter anderem mit den Eigenschaften des Machers. Vor einem halben Jahrhundert waren dagegen viele Chefsessel in der Hand von Dominanten. Damals ging es noch mehr um die äußere Demonstration von Macht, um das Image des Patriarchen, der regiert und auch seinen Angestellten gegenüber seinen Pflichten nachkommt. Dies veränderte sich langsam über die Jahrzehnte, und eine Mischung aus Umgarnendem und Macher drängte zunehmend in die Chefetagen. Beide Menschentypen passen sich reibungslos den heutigen Bedingungen an: Schnelligkeit, Veränderlichkeit, Leistungsdruck und Erfolg um jeden Preis. Unter den Machern finden sich auch viele gute Sportler und ebenfalls Soldaten.

Der Macher und sein Energiesystem

Der Macher hat eine ausgeglichene Aura, wobei die emotionale Schicht aufgrund seiner häufig gelebten Emotionslosigkeit etwas farblos ist. Der äußere Rand seines Energiefeldes ist geschlossen und stark, so fällt es ihm nicht schwer, sich abzugrenzen.

Die Chakren am Rücken, die mit seinem Willen zu tun haben, sind häufig alle offen. Das Zentrum am Hinterkopf, das hintere sechste Chakra, entwickelte sich sehr stark und drückt seine ausgeprägte Fähigkeit aus, seine Vorstellungen auch umzusetzen. Der vordere Teil des Stirn-Chakras ist normal entwickelt. Das Herz- und das Hals-Chakra sind geschlossen, da der Macher nicht empfangen kann. Im Gegensatz dazu ist es ihm möglich zu geben, nur bekommt er dadurch keine Befriedigung. Sein Verhältnis zum Nehmen und zum Geben ist gestört, dadurch wird er sich in seinem Inneren leer, unzulänglich und ausgetrocknet fühlen. Aber er empfindet dies meist nicht so, da seine Maske sagt: »Es ist alles in bester Ordnung.«

Die Sexualzentren entwickelten sich sehr stark. Da der Macher-Typ Schwierigkeiten mit dem Empfangen hat, ist beim Sexual-Chakra der vordere Teil (Gefühlszentrum) weniger funktionstüchtig. Das Solarplexus-Chakra kann vorn blockiert sein; in diesem Fall gibt es keine Verbindung zwischen dem Herzen und der Sexualität. Oft kann auch das Scheitel-Chakra beeinträchtigt sein; da der Macher-Typ zu den so genannten Realisten gehört, zählt für ihn nur, was er mit beiden Augen sehen und mit beiden Händen anfassen kann.

Die Haltung des Theatralischen zum Leben sagt aus: »Ich muss Aufsehen erregen, um Aufmerksamkeit zu bekommen.«
Diese Lebenshaltung drückt sich schon in seinem Körperbau aus, der meist sehr verführerisch wirkt. Dieser Typ wird mehr von Frauen repräsentiert, aber auch Männer leben dieses Muster. Der theatralische Typ erlebt wie der Macher gefühlsmäßig das Gleiche: nicht genügend Aufmerksamkeit und Wertschätzung vom Vater zu bekommen. Entweder ignoriert der Vater sein Kind, oder er ist abwesend. Wenn es eine Tochter ist, kann es sein, dass er mit ihrer aufkommenden Weiblichkeit nicht umgehen kann und sich zurückzieht. Ein anderer Grund für die Entstehung dieses Charaktertyps kann sein, dass die Eltern mit Problemen beschäftigt sind und das Kind nicht die Aufmerksamkeit bekommt, die es braucht. Es bekommt möglicherweise nur Aufmerksamkeit, wenn etwas Besonderes passiert. So kann es sein, dass das Kind immer wieder Dramen inszeniert, um Zuwendung zu erhalten.
Durch die Zurückweisung in der Kindheit entsteht beim theatralischen Typ eine tiefe Furcht vor Verletzungen, besonders durch Männer. Dies drückt sich auch im Körperbau aus. Der Oberkörper ist schmal und fest. Er wirkt kindlich, als hätte er sich nicht weiterentwickelt. Hinter dieser engen und festen Brust verbirgt der Theatralische schützend sein Herz, damit wenig nach innen und außen dringen kann. Seine Herzensgefühle verlagert er in die untere Hälfte seines Körpers, so strahlen seine breiten und runden Hüften und sein nach vorn gewölbter Bauch eine gewisse Weichheit und Wärme aus. Die Oberschenkel sind meist etwas dicker und schwer, im Gegensatz zu den kleinen, dünnen Fußknöcheln und Füßen.
Der Rücken steht unter einer hohen Spannung und erscheint

unnachgiebig wie der des Machers. Dies drückt die Unfähigkeit des Theatralischen aus, loszulassen und Dinge abzuschließen. Dieses Nicht-loslassen-Können zeigt sich auch in seiner Atmung. Er atmet stark ein, aber nur unvollständig aus. Dadurch kann er innerlich nicht ganz loslassen, und er erlebt nur eine geringe Entspannung.

Beispiel: Eine Patientin mit der Hauptbetonung dieses Charaktertyps schilderte mir ihr Problem, nicht loslassen zu können, folgendermaßen: Sie lebe mit ihrer Tochter in einer engen Wohnung, die eigentlich zu klein für sie beide sei. Auch sei sie im Winter recht kalt. Inzwischen habe sie in der Nähe eine bessere und größere Wohnung gefunden. Nun sei sie sich aber wieder unschlüssig, da doch die alte Wohnung so gemütlich sei. Diese Tendenz der Patientin, sich an alles klammern zu wollen, erstreckt sich noch auf zwei Männerbeziehungen. Der eine Mann ist ihr Ehemann, von dem sie schon seit mehreren Jahren getrennt lebt, wobei es eigentlich Zeit wäre, sich von ihm scheiden zu lassen. Eine Scheidung verwirft sie jedoch immer wieder wegen der guten alten Zeiten und weil sie Angst hat, ihn ganz zu verlieren. Ihren jetzigen Freund will sie auch nicht aufgeben, obwohl sie spürt, dass viele Dinge nicht zusammenpassen und sie ihm auch nicht die nötige Achtung entgegenbringen kann. Sie hat Angst, allein zu sein, wenn sie sich von ihm trennen würde.

Die Kopfhaltung des Theatralischen wirkt stolz und vermittelt seinen inneren Leitsatz nach außen: »Du kannst mich nicht mehr verletzen, weil ich mich dir nicht mehr öffnen werde.« Die Augen sind häufig weit aufgerissen und bringen das Erschrecken zum Ausdruck, das möglicherweise durch die autoritäre Zurückweisung des Vaters entstanden ist. Gleichzeitig funkeln sie aber verführerisch und wollen den anderen in ihren Bann ziehen.

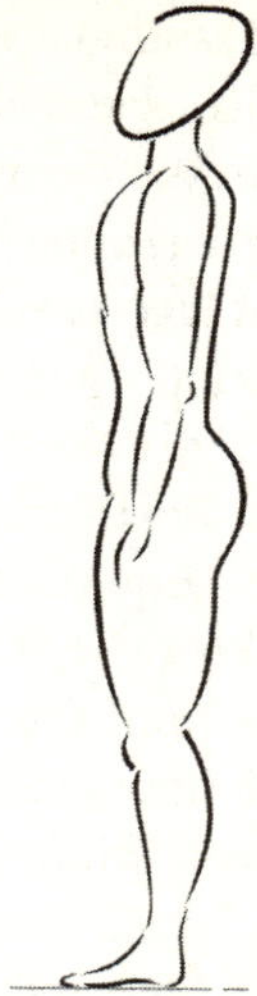

Der Theatralische

Das Unterkiefer zeigt Entschlossenheit – aber mehr in der Tendenz, Aufmerksamkeit zu bekommen, Ablehnung nicht ruhig hinzunehmen und auf keinen Fall loszulassen. Der Theatralische hat jedoch große Angst, direkte Forderungen zu stellen und für seine Rechte einzutreten. Er hält Nacken und Schultern fest, wobei die Schultern leicht abfallen. Die Arme wirken kraftlos. Sie halten die innere Aggression zurück und wollen sich gleichzeitig nach dem anderen ausstrecken.
Wie seine äußere Erscheinung ist auch seine Stimme eindrucksvoll. Er kann sehr schnell sprechen, aber unter Stress wird seine Stimme möglicherweise einen schrillen Ton annehmen.
Generell ist der Theatralische leicht erregbar. Er neigt dann zu dramatischen Ausbrüchen, die meist für ihn selbst unerwartet

kommen. Seine wirklichen Gefühle wurden in der Kindheit nicht ernst genommen, und so überdeckt er diese tiefe Traurigkeit und seine Angst vor Verletzung durch seine Dramatisierung. Er versucht, allen Situationen, die unerfreulich und erschreckend sind, aus dem Weg zu gehen. Bei Panik und großen Ängsten neigt er zu einer übermäßigen Steigerung der Atmung (Hyperventilation).
Der theatralische Typ entwickelt eine große Fantasie und erlebt alles im Superlativ. Er verwechselt allerdings seine Fantasievorstellungen oft mit der Realität. Es ist schwierig für ihn, lange genug bei einer Sache zu bleiben, so dass er Klarheit gewinnt. Er lässt sich leicht überzeugen, wobei er dann allerdings auch schnell wieder seine Meinung ändern kann.
Der Theatralische blüht im Miteinander auf. Er will sein Leben mit anderen teilen und sich mitteilen können; besonders seine Gefühle will er ausdrücken. Sein Leben kreist hauptsächlich um Beziehungen, Heim und Familie. Um Beziehungen in Gang zu halten, kann er mütterlich oder sehr verführerisch oder mädchenhaft (jungenhaft) unschuldig auftreten. Er vermeidet Trennungen aller Art, egal ob es um das Beenden einer Beziehung oder auch nur eines Telefonats geht.
Das Selbstwertgefühl des Theatralischen ist nur gering ausgeprägt, und er will diesen Mangel durch die äußere Erscheinung kompensieren. So will er dem Betrachter gefallen und unwiderstehlich sein. Dies erreicht eine Frau des theatralischen Typs unter anderem durch ihren für Männer attraktiven Körper und ihre weichen Bewegungen mit oft übertriebenem Hüftschwung. Ebenfalls wirken das Temperament, die Spontaneität und der kindliche Charme des Theatralischen auf andere anziehend. Männer werden meist von Frauen dieses Typs enttäuscht, wenn sie erfahren, dass diese es überhaupt nicht

ernst meinen. Dahinter steckt keine böse Absicht den Männern gegenüber, sie tun dies nur, um Aufmerksamkeit zu bekommen.

In der Sexualität trennt der Theatralische häufig seine sexuellen Gefühle von den zärtlichen Empfindungen, da beides vereint in einer Person zu bedrohlich ist. Er hat Angst davor, sich wirklich hinzugeben und die Kontrolle zu verlieren; gleichzeitig hungert er nach Nähe. In einer Paarbeziehung stellt die theatralische Frau den Mann auf ein Podest und will die totale Liebe, die sie von ihrem Vater nicht bekommen hat, das heißt, sie will ständige Nähe. Sie weigert sich, die Erwachsenenrolle einzunehmen, und hat große Trennungsängste.

Im Berufsleben kann der Theatralische zielstrebig und erfolgreich sein, in privaten Beziehungen dagegen aber durch seine große Angst vor emotionaler Bindung überreagieren. Aufgrund seiner Ausdrucksstärke, Fantasie und Liebe zum Applaus wäre der Schauspielerberuf ideal für ihn.

Das Energiesystem des Theatralischen

Der Emotionalkörper des Theatralischen ist stark ausgeprägt und zeigt kräftige Farben. Die Energie in diesem Bereich ist aber häufig in Aufruhr, da sich der Theatralische leicht erregt. Bei hysterischen Ausbrüchen kann sich sein emotionaler Körper weit und unkoordiniert ausdehnen.

Die Aura ist nach vorn verschoben und liegt am Rücken enger an, da das Energiegleichgewicht zwischen vorderen und rückwärtigen Chakren erheblich gestört ist. Die Willenszentren am Rücken sind meist alle geschlossen und daher inaktiv. Von den vorderen, dem Gefühl zugeordneten Zentren sind dagegen das Sexual- und das Solarplexus-Chakra geöffnet. Das Herz-Chakra ist geschlossen, und damit fällt es dem Theatralischen schwer, seine sexuellen Gefühle mit denen des Her-

zens zu verbinden. Das Hals- und das Stirn-Chakra sind meist geschlossen. Das Scheitel-Chakra kann offen sein. Der Theatralische hat eine geringe Bodenhaftung; besonders wenn er sich erregt, verliert er den Boden unter den Füßen. Das Wurzel-Chakra ist deshalb häufig geschlossen.
Energieblockaden befinden sich im Rückenbereich sowie im Schulter- und Brustbereich und auch in den Sprunggelenken. Ein Energiestau tritt häufig in den Oberschenkeln auf.

Abwehrstrategien: trügerische Sicherheit

In Situationen, die als bedrohlich empfunden werden, verstärken sich die Verhaltensweisen der acht Charaktertypen und werden zu regelrechten Abwehrstrategien. Doch oft existiert gar keine reale äußere Gefahr, sondern die inneren Überzeugungen lassen die äußere Situation bedrohlich erscheinen. Viele dieser Überzeugungen, die eine Abwehrstrategie auslösen, entstehen in der Kindheit, in der man noch von der Versorgung durch die Eltern oder andere Bezugspersonen vollkommen abhängig ist. Das Kind versucht, sich den Gegebenheiten anzupassen, und entwickelt aufgrund seiner Erfahrungen Wege, sein Innerstes zu schützen. Diese Abwehrstrategien werden im Laufe des Lebens zu Automatismen, die in bestimmten Situationen abgespult werden – oft ohne dass man sich dessen bewusst ist und ohne dass diese wirklich noch notwendig sind. Im Erwachsenenalter stehen ganz andere Möglichkeiten der Selbstbehauptung zu Verfügung. Trotzdem halten viele Menschen an den Mechanismen fest, weil sie

meinen, dadurch Sicherheit zu bekommen, und weil sie es nicht anders wissen.
Durch die Abwehrmechanismen entstehen jedoch Energieblockaden, die sich immer mehr verfestigen. Diese Blockaden verhindern, dass die eigene Kraft voll ausgelebt wird. Es kann sogar geschehen, dass die eigene Kraft nur einseitig eingesetzt oder stark vermindert wird. Der natürliche energetische Schutz ist dadurch herabgesetzt, und die Person wird trotz ihrer Abwehrstrategie angreifbarer.
Diese automatisierten Abwehrstrategien tragen zu einer Entfremdung sowohl vom eigenen Wesen als auch von anderen Menschen bei. So bieten die Muster oft keinen oder nur geringen Schutz. Sie erschweren vielmehr die Kommunikation zu anderen Menschen – Missverständnisse entstehen, Verletzungen sind programmiert, und ein Nebeneinanderherleben oder Unfrieden ist häufig die Folge.
Ein Erwachsener kann allerdings zu jeder Zeit entscheiden, ob seine bisher verwendeten Abwehrstrategien tatsächlich greifen und ob er sie weiter einsetzen will. Trifft zum Beispiel ein Mensch des flüchtenden Typs eine andere Person, die sich ernsthaft für ihn interessiert und eine Beziehung zu ihm aufbauen möchte, entsteht die Situation, dass der Flüchtende sich zwar nichts sehnlicher als Nähe wünscht, aber sofort Angst bekommt, da er durch seine Kindheitserfahrungen Nähe mit Ablehnung verbindet. Er will diesen Schmerz nicht mehr erleiden. So wird er abweisend reagieren, und wenn dies nicht hilft, wird er flüchten, sodass der andere ihn nicht mehr erreichen kann. Seine Abwehrstrategie hindert ihn daran, eine neue Erfahrung zu machen, durch die sein Bedürfnis nach Nähe doch noch in Erfüllung gehen könnte. Hier könnte das Wissen über die eigenen Muster und deren Abwehrmechanismen hilfreich sein, auch einmal über den eigenen Schatten zu

springen. Wie dies für die verschiedenen Typen aussehen könnte, wird im Folgenden beschrieben.

Die Abwehrstrategien der Charaktertypen und Gegenmaßnahmen

Der Flüchtende

Gerät der flüchtende Typ in eine schwierige Situation und bekommt Angst, wird er wie folgt reagieren:

- Stacheln aufstellen: Er lässt niemanden mehr an sich heran und wirkt arrogant. Energetisch stellt er Stacheln um sich herum auf, die oft für andere spürbar sind.
- Körper verlassen: Er ist für seine Umwelt gar nicht mehr fassbar und wirkt unbeteiligt. In den Augen spiegelt sich Leere. Für die anderen ist meist nur noch seine Angst spürbar. Energetisch verlässt er mit seinem Bewusstsein den physischen Körper.
- Neben sich stehen: Er kann auch im wahrsten Sinne des Wortes neben sich stehen, indem sich sein Energiefeld extrem zu einer Seite verschiebt und es die andere Körperhälfte kaum mehr überdeckt. Diese Abwehrstrategie trägt jedoch wenig zum Sicherheitsgefühl des flüchtenden Typs bei, stattdessen erlebt er die physische Welt als noch unsicherer. Er vermag sich kaum abzugrenzen, und andere Energien können leicht in sein Feld eindringen. Durch das häufige Flüchten aus dem materiellen Körper ist es ihm nicht möglich, seine Individualität zu erleben – Erfahrungen der eigenen Individualität sind in den spirituellen Ebenen nicht möglich.

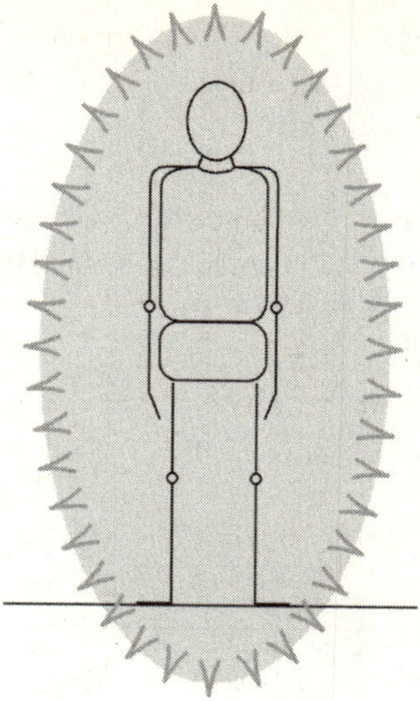

Der Flüchtende: Stacheln aufstellen

Angst ist ein Anzeichen für den Flüchtenden, dass sein Abwehrmechanismus ausgelöst wird. Falls er spürt, dass er dabei ist, in seine Abwehrstrategie zu verfallen, oder dass er bereits seine Abwehrstrategie angewendet hat, kann ihm folgende Übung helfen:

- Sich aufrecht hinstellen, die Knie dabei leicht gebeugt halten. Auf keinen Fall die Augen schließen.
- Die Aufmerksamkeit zum Scheitelpunkt des Kopfes lenken und von dort mit dem Bewusstsein hinunter durch den Kopf, den Hals, die Brust, den Bauch, das Becken und die Beine bis zu den Füßen gehen.
- Dann in der Vorstellung Wurzeln aus den Fußsohlen tief in die Erde wachsen lassen.

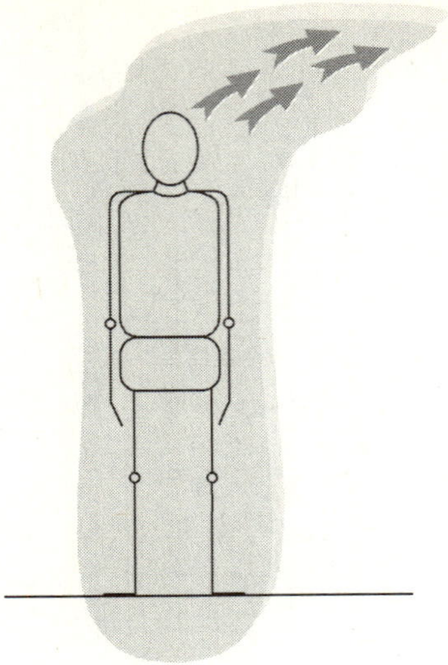

Der Flüchtende: Den Körper verlassen

- Danach ein blaues, transparentes Ei um sich herum visualisieren, das Schutz gibt und dessen Rand in einem tiefen Blau leuchtet (siehe Teil 2 der Drei-Stufen-Übung, Seite 20).
- Dabei die Affirmation wiederholen: »Ich bin sicher. Ich bin hier.«

Wenn der Flüchtende wieder in seinem Körper angekommen ist und sich sicher fühlt, sollte er bei der nächsten geeigneten Möglichkeit versuchen, mit einer vertrauenswürdigen Person in einer für ihn achtsamen Weise in Kontakt zu treten. Nur wenn der flüchtende Typ wieder mit seinem Bewusstsein in seinem Körper ruht, kann er am Leben teilhaben und zwischen einer inneren und äußeren Bedrohung unterscheiden.

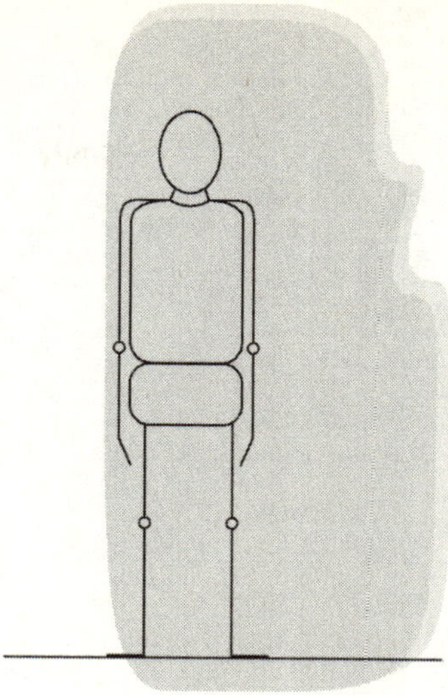

Der Flüchtende: Neben sich stehen

Wichtig zu wissen ist jedoch, dass bei schweren körperlichen und psychischen Traumata jeder Mensch – egal welche Abwehrstrategie er sonst im Allgemeinen verfolgt – sich mit seinem Bewusstsein in die höheren Schichten der Aura zurückzieht, um dem übermächtigen Druck der Situation zu entgehen. Dieser Abwehrmechanismus des Körpers ist zu diesem Zeitpunkt überlebensnotwendig, um zum Beispiel mit Schmerz fertig zu werden.

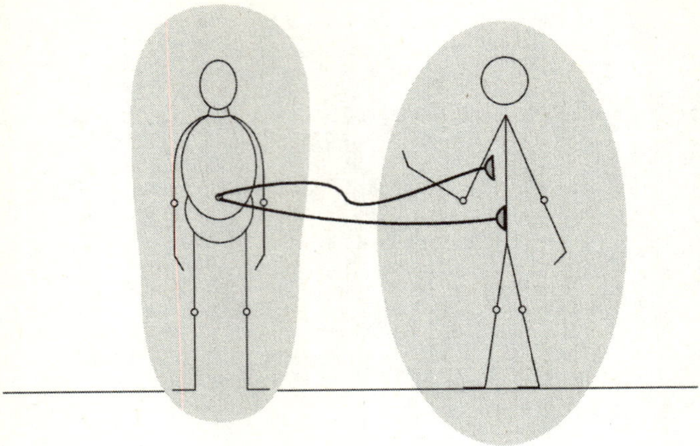

Der Bedürftige: Saugt Energie

Der Bedürftige

Gerät der bedürftige Typ in eine schwierige Situation und bekommt Angst, wird er wie folgt reagieren:

- Er saugt Energie: Die Abwehr des Bedürftigen besteht darin, dass er unbewusst versucht, von anderen Kraft abzuziehen. Er gibt sich hilflos und will versorgt werden. Aus energetischer Sicht versucht er, sich über Energiebänder des Solarplexus-Chakras mit der anderen Person zu verbinden, und beginnt dann, deren Energie zu saugen. Sein Gegenüber kann dies eventuell als ein Leeregefühl im Magenbereich wahrnehmen.
- Saugender Blick: Der Bedürftige sucht in seiner Angst Augenkontakt, und in seinen Augen zeigt sich ein hilfloses

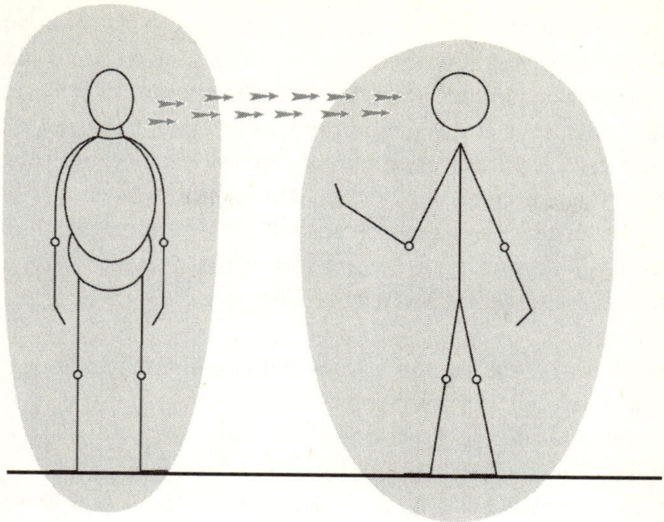

Der Bedürftige: Verbale Pfeile abschießen

Flehen. Er versucht mit Hilfe der Augen, Energie aus dem Aura-Feld des anderen zu saugen.

- Leeres Geschwätz: Er tut alles, um sein Gegenüber in ein langes, langweiliges Gespräch zu verwickeln. Seine leise Stimme soll den Zuhörer dazu verleiten, mehr Energie in seine Richtung zu schicken. Das heißt, der Zuhörer konzentriert sich noch mehr auf ihn, um ihn zu verstehen, und schenkt ihm intensiv Aufmerksamkeit, das heißt Energie.
- Verbale Pfeile abschießen: Er macht provozierende Äußerungen, um Aufmerksamkeit zu erregen.

Der bedürftige Typ durchläuft durch diese Abwehrstrategie immer wieder dieselbe schmerzhafte Erfahrung: »Ich bekomme nie genug.« Denn viele seiner Mitmenschen empfinden

sein Saugen als unangenehm und wenden sich von ihm ab. Gleichzeitig besitzt er einen unbewussten Mechanismus, der echte Zuwendung verweigert. Er selbst fühlt sich zu schwach und hat nie gelernt, Energie für sich selbst umzusetzen. So fühlt er sich überwiegend von anderen abhängig, und seine Bedürfnisse können dadurch nie ganz gestillt werden.
Der bedürftige Typ kann sich aus seinem Verhalten, sich hilflos zu fühlen oder die Verantwortung an jemand anderen übergeben zu wollen, befreien, indem er

- ein paar Male tief durchatmet und sich klar macht, dass er alle Zeit hat, die er braucht,
- nun aufsteht, die Knie locker lässt und
- die Drei-Stufen-Übung (Seite 19 ff.) durchführt.
- Dann gleichmäßig in das Kraftzentrum (Hara) drei Zentimeter unter dem Nabel atmen, bis die eigene Kraft gespürt wird.
- Während man sich weiter auf sein Hara konzentriert, die Worte wiederholen: »Ich bin genug. Ich bin genug.«

Der Selbstgenügsame

Unter Stress und Angst wehrt der selbstgenügsame Typ verstärkt Hilfe ab. Seine Abwehr äußert sich in verschiedenen Formen:

- Stacheln aufstellen: Wenn eine andere Person ihm ihre Hilfe geben möchte, stellt er energetisch kleine Stacheln auf, sodass sie nicht mehr an ihn herankommt. Er teilt der anderen Person indirekt oder direkt mit: »Ich brauche dich und deine Hilfe nicht.«
- Sich isolieren: Er unterbricht den Kontakt zu anderen und schottet sein Energiefeld ab. Oft sucht er außerdem einen

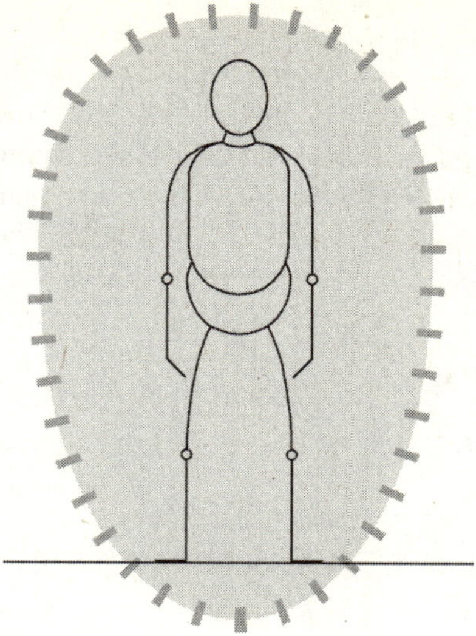

Der Selbstgenügsame: Stacheln aufstellen

Ort auf, an dem er ungestört ist. Er macht dann alles allein und ist sich selbst genug.

Der Selbstgenügsame erlebt mit dieser Abwehrstrategie immer wieder, dass es für ihn auf dieser Welt keine Unterstützung gibt. Er richtet es so ein, dass er zu dem Schluss kommen muss, er könne auf niemanden zählen und sei allein. So wird er ständig dafür sorgen, dass er für alle Eventualitäten gewappnet ist. Neue Herausforderungen müssen immer wieder gesucht und bewältigt werden, damit er sich beweisen kann, dass er es auch ohne Hilfe schafft.
Spürt der selbstgenügsame Typ, dass er extrem abweisend auf angebotene Hilfe reagiert und sich zurückzieht, kann er davon ausgehen, dass er unter Stress steht oder Angst hat. Will er

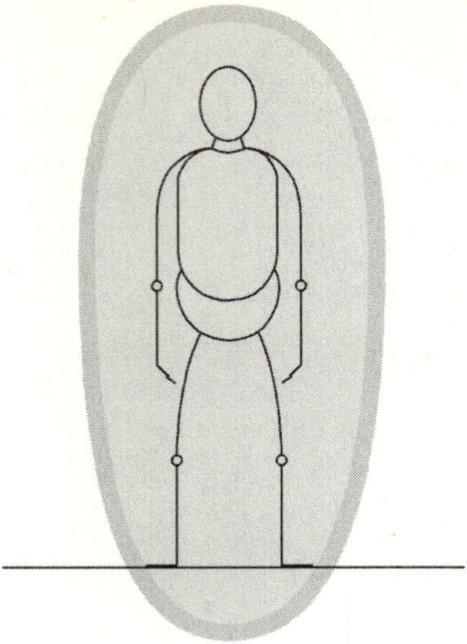

Der Selbstgenügsame: Sich isolieren

seine Verhaltensweise durchbrechen und objektiver beurteilen, ob die angebotene Hilfe für ihn gut ist oder nicht, kann er Folgendes tun:

- einige Male tief durchatmen und sich bewusst machen, dass er deshalb so ablehnend reagiert, weil er Angst vor seiner Bedürftigkeit hat.
- Die Drei-Stufen-Übung (Seite 19 ff.) praktizieren, dadurch bleibt er mit sich und seinem Umfeld in Kontakt.
- Dann die Konzentration auf den Wesenskern (zwei Fingerbreit oberhalb des Bauchnabels) richten und dort gleichmäßig ein- und ausatmen, bis er sich immer mehr spürt.
- Die Übung mit den Worten unterstützen: »Ich muss nicht alles allein machen. Ich kann auch Hilfe annehmen.«

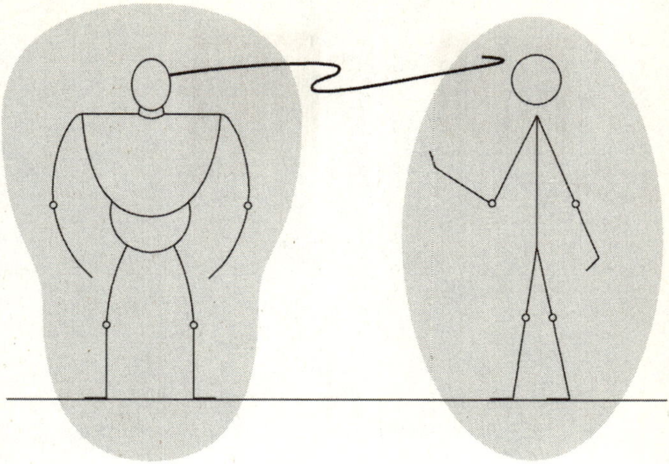

Der Dominante: An den Haken nehmen

Der Dominante

Ein Dominanter versucht abzuwehren, indem er angreift. Sobald der dominante Typ in eine für ihn schwierige Situation gerät und Angst bekommt, wird er wie folgt reagieren:

- An den Haken nehmen: Sobald er einen vermeintlichen Aggressor wahrnimmt, wirft er einen energetischen Haken in die Aura des anderen, was von einer verbalen Attacke begleitet ist. Die Energie des Hakens ist gewaltsam und scharf und sagt aus: »Du bist der Böse.«
- Abhängig machen: Ist er selbst der Angreifer, packt er den anderen mit seiner Gedankenenergie, hält ihn fest und versucht, ihn durch Reden zu überzeugen. Er nimmt den ande-

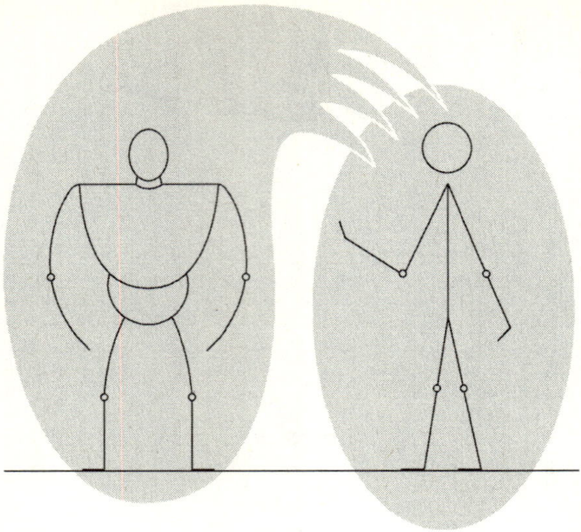

Der Dominante: Abhängig machen

ren auf diese Weise so lange in die Zange, bis er nachgibt und der Dominante Recht bekommt.

- Explodieren: Er kann wie ein Vulkan explodieren, aber dieser Ausbruch geschieht letztlich in dem von ihm kontrollierten Rahmen.
- Leeres Geschwätz: Zu seinen Waffen gehört, den anderen »totzureden«.

All diese Kämpfe braucht der Dominante, um zu beweisen, dass er immer Recht hat. Denn Unrecht zu haben wäre für ihn gleichbedeutend mit, ein schlechter Mensch zu sein. Gleichzeitig fühlt er sich in dieser Welt noch unsicherer. Er hat das Gefühl, ständig kämpfen zu müssen, um nicht betrogen zu werden oder die eigene Machtposition zu verlieren. Dabei

Der Dominante: Leeres Geschwätz

sieht er nicht, dass er selbst der Aggressor ist. Er hat das Gefühl, alles auf seine Schultern nehmen zu müssen, kann aber für sich selbst keine Unterstützung spüren, da er nicht geerdet ist.

Hat der dominante Typ einen Streit begonnen, weil er wieder einmal meinte, der andere hätte ihn in irgendeiner Weise betrogen, kann er Folgendes tun, um das alte Verhaltensmuster zu durchbrechen:

- innehalten und räumlich etwas Abstand von seinem Gegenüber nehmen,
- einige Male bewusst durchatmen und dabei verstärkt ausatmen,
- die Aufmerksamkeit nach innen richten und sich fragen:

»Bin ich verletzt, fühle ich mich betrogen? Habe ich Angst, der Unterlegene zu sein? Staut sich die Energie im Oberkörper und im Kopf?«

- Falls dies zutrifft, den Überschuss an Energie im oberen Bereich des Körpers nach unten atmen.
- Für eine bessere Erdung sorgen, indem man in der Vorstellung von seinen Füßen Wurzeln in den Boden wachsen lässt.
- Das Blaue Ei um sich herum visualisieren (siehe Seite 20).
- Bewusst in den Bauch atmen und die Worte wiederholen: »Ich bin sicher. Ich bin gut.«

Der Umgarnende

Sobald sich der umgarnende Typ bedroht fühlt und Angst bekommt, reagiert er möglicherweise wie folgt:

- Verstärktes manipulierendes Verhalten: Er wird noch liebenswürdiger und wickelt sein Gegenüber mit seinem Charme regelrecht ein. Dabei arbeitet er verstärkt mit sexuellen Untertönen.
- Leeres Geschwätz: Wie der Dominante versucht er dann, sein Gegenüber totzureden.
- Falsche Freundlichkeit: Seine Aggressionen verbirgt er hinter einer großen Hilfsbereitschaft.

Infolge seiner Abwehrstrategien erlebt der Umgarnende immer wieder, dass seine Bedürfnisse ohne Anwendung von Tricks nicht befriedigt werden. Das Misstrauen wächst in ihm, da er große Angst hat, dass seine Täuschung aufgedeckt wird. Seine Gefühle verleugnet er, und die Ehrlichkeit, nach der er sich sehnt, rückt in weite Ferne.
Spürt der manipulierende Typ, dass er jemanden in gewohnter

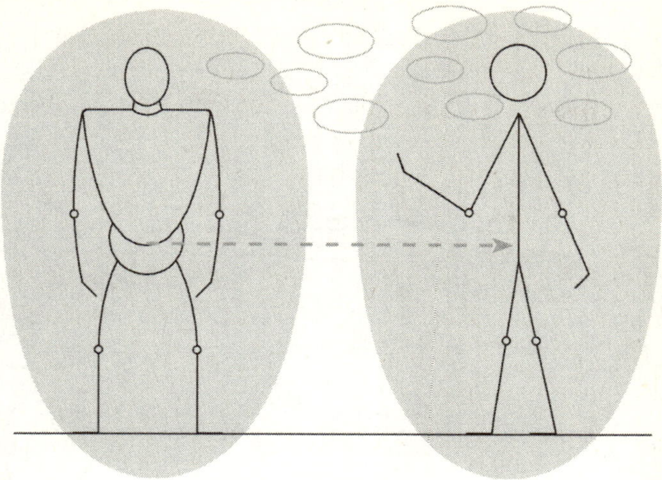

Der Umgarnende: Manipulierendes Verhalten

Weise immer mehr umgarnt, obwohl er ihm in einer ehrlichen Art und Weise begegnen will, sollte er Folgendes tun:

- ein paar Male bewusst durchatmen,
- die Drei-Stufen-Übung (Seite 19 ff.) ausführen,
- sich fragen: »Muss ich wirklich manipulieren, damit meine Bedürfnisse befriedigt werden? Muss ich dem anderen etwas vorspielen und dabei meine Gefühle verleugnen?«
- Vom Sexual-Chakra keine Energien mehr aussenden, das Chakra eventuell sogar schließen (siehe die Übung auf Seite 59).
- Sich auf den Wesenskern (siehe Seite 77) konzentrieren, mehrmals an diesem Ort ein- und ausatmen, bis man sich mit seinem Wesen verbunden fühlt, und dann
- die Worte wiederholen: »Ich bin sicher. Ich bin gut.«

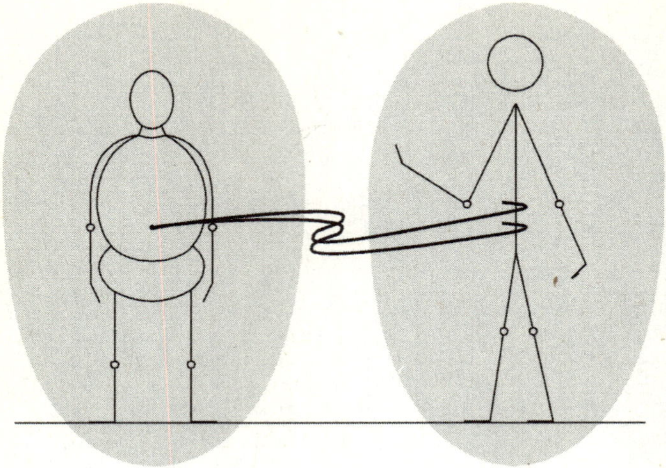

Der Ausharrende: Fangarme auswerfen

Der Ausharrende

In einer für ihn schwierigen Situation, die ihm Angst macht, wird der ausharrende Typ wie folgt reagieren:

- Rückzug hinter die eigenen Festungsmauern: Der Ausharrende reagiert sofort mit seiner Hauptangst; er befürchtet, beherrscht und gedemütigt zu werden. Zum Schutz zieht er sich mit seinem Wesen ins Innerste seines Körpers zurück und lässt nichts mehr nach außen dringen. Dadurch kommt es zu einem Energiestau in seiner Aura. Sein Körper wird zur massiven Festung, um so die Angreifer abzuwehren.
- Fangarme auswerfen: Er bittet andere um Erlaubnis, sich äußern zu dürfen, da er aufgrund seiner Erfahrungen

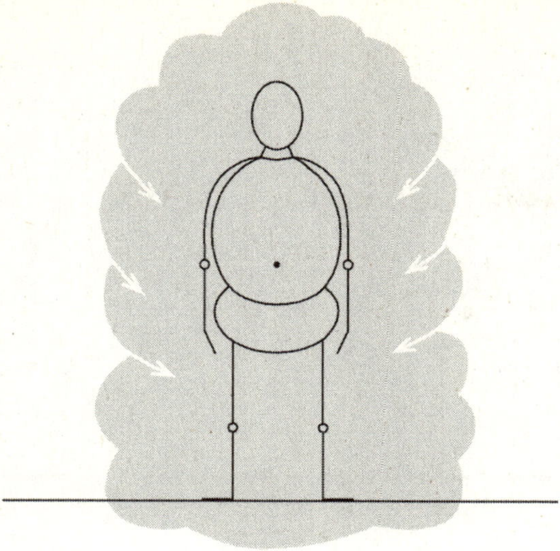

Der Ausharrende: Lautlos brüten

große Angst hat, allein hervorzutreten. Um mehr Sicherheit zu bekommen, setzt er unbewusst energetisch Fangarme (sie gehören zu den Energiebändern) am Solarplexus-Chakra seines Gegenübers an, um dessen Innerstes energetisch herauszuziehen und es für sich selbst zu gebrauchen.

- Lautlos vor sich hin brüten: Sein Schweigen und Grübeln ist so angelegt, dass alle es mitbekommen, auf ihn zugehen und ihm helfen wollen. Die Vorschläge, die ihm gemacht werden, weist er mit einem »Ja, aber ...« zurück, um weitere Aufmerksamkeit zu bekommen.
- Verbale Pfeile abschießen: Sein Reden reizt sein Gegenüber so sehr, dass der andere schließlich aufbraust. Jetzt kann er seine eigene Wut herauslassen, ohne Gefahr zu laufen,

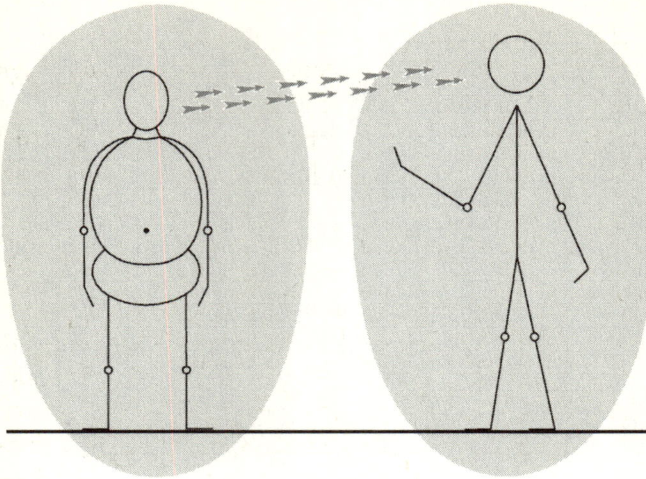

Der Ausharrende: Verbale Pfeile abschießen

gedemütigt zu werden. Schließlich hat der andere ja mit dem Streit angefangen.

Der ausharrende Typ erlebt durch dieses Reaktionsmuster immer wieder die gleiche schmerzhafte Erfahrung: in sich selbst gefangen zu sein und keine Möglichkeit zu haben, sich zum Ausdruck zu bringen. Er schafft es immer wieder, andere durch sein Verhalten in seine Angelegenheiten hineinzuziehen, um dann wieder das Gefühl zu haben, kontrolliert und gedemütigt zu werden.
Wenn der ausharrende Typ sich aus seiner Abwehrstrategie befreien und in Bewegung möchte, kann er Folgendes tun:

- ein paar Male tief durchatmen,
- aufstehen und die Knie locker lassen,
- sich erden, indem er in der Vorstellung von den Fußsohlen aus tiefe Wurzeln in die Erde wachsen lässt,
- das Blaue Ei visualisieren (siehe Seite 20) und die gestaute Energie in das Ei einfließen lassen, bis es seine optimale Größe erreicht,
- das Solarplexus-Chakra schließen oder die Hand davorlegen.
- Falls eine Abhängigkeit zu einem anderen Menschen besteht: In der Vorstellung das Energieband, das ihn mit jenem über das Solarplexus-Chakra verbindet, beim anderen herausziehen. Danach den anderen bewusst loslassen und den Strang mit dem eigenen Wesen, mit dem Wesenskern, verbinden, das heißt den Atem in diese Stelle zwei Fingerbreit über dem Nabel lenken und versuchen, sie zu spüren, dann das Ende des Strangs an diesem Ort befestigen.
- Schließlich die Worte mehrmals wiederholen: »Ich gebe mir die Freiheit.«

Der Macher

Der Macher-Typ reagiert bei Angst wie folgt:

- Sich überheblich isolieren: Die Überzeugung, besser als andere zu sein, tritt noch deutlicher hervor. Gleichzeitig versucht er, noch perfekter zu werden. Durch dieses Verhalten wird er für andere immer weniger fassbar, und er wirkt auf sie nicht mehr authentisch.
- Machtwillen zur Schau stellen: Wenn er zum Beispiel Kritik erwartet und Angst um seine Position hat, wird er verstärkt seine Kraft und Kompetenz nach außen demonstrieren.

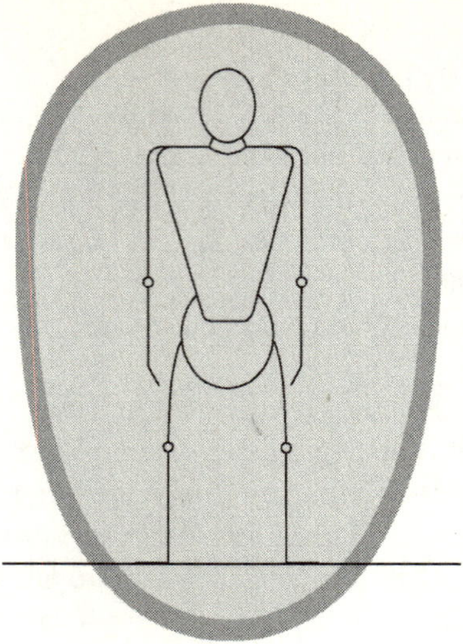

Der Macher: Sich überheblich isolieren

> Dies ist meist begleitet von einer aggressiven Spannung, die ihn umgibt. Er attackiert nicht direkt sein Gegenüber wie der dominante Typ, sondern die Aggression zeigt sich mehr in der Art seines Sprechens oder Verhaltens.

Mit diesem Abwehrsystem wird der Macher-Typ noch ungreifbarer für andere und auch für sich selbst. Der Perfektionsanspruch trennt ihn von seinen eigentlichen Bedürfnissen. Er entfernt sich dadurch immer mehr von seinem Wesen, und das Leben erscheint für ihn noch sinnloser.

Stellt ein Mensch des Macher-Typs fest, dass er bei einem Gespräch nicht mehr präsent oder mit seinen Gedanken schon weit vorausgeeilt ist, und dies ändern möchte, kann er Folgendes tun:

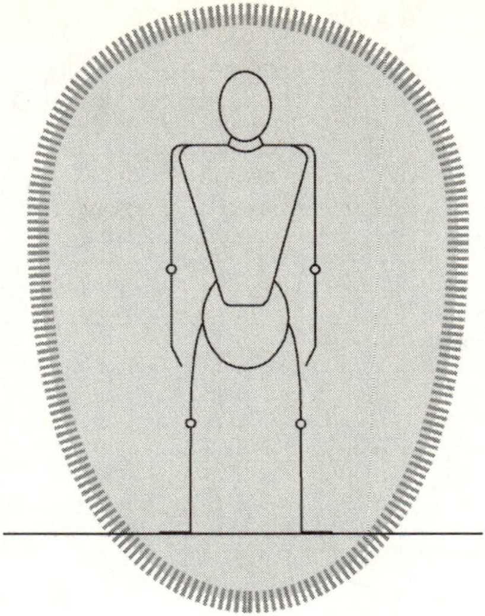

Der Macher: Machtwillen zur Schau stellen

- einige Male bewusst durchatmen und die Körperposition verändern,
- sich auf den eigenen Wesenskern (zwei Fingerbreit über dem Nabel) konzentrieren: so lange in diese Stelle atmen, bis man sich selbst fühlt,
- dabei die Worte wiederholen: »Ich bin wirklich. Ich bin wirklich. Ich bin Licht.«

Nach dieser Rückbesinnung auf sich selbst wird sich ein Mensch des Macher-Typs wieder voll in das Gespräch und die umgebende Situation einbringen können.

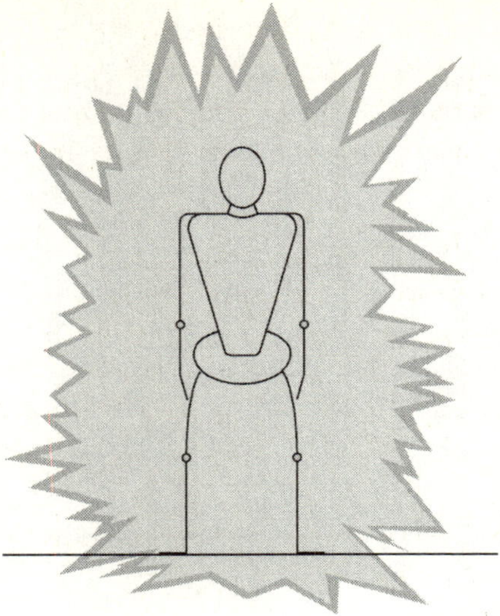

Der Theatralische: Hysterisch explodieren

Der Theatralische

Gerät der Theatralische in Stress oder bekommt er Angst, wird er wie folgt reagieren:

- Sich erregen: Er übertreibt alle Gefühle und wird oft laut, damit er von anderen Aufmerksamkeit bekommt.
- Hysterisch explodieren: Die Erregung kann sich steigern, bis sie sich in einem hysterischen Anfall entlädt.
- Anklammern: Falls er befürchtet, dass er jemanden oder etwas verlieren könnte, klammert er sich mit Energiesträngen in extremer Weise daran fest.

Durch diese Abwehrstrategie erlebt der Theatralische immer wieder die Situation, nicht verstanden und nicht ernst genom-

men zu werden. Andere weisen ihn zurück, da ihnen die Flut der Emotionen und das Drängen nach Nähe zu viel ist.
Wenn der theatralische Typ wahrnimmt, dass er seine Gefühle immer mehr übertreibt und laut wird, kann ihm folgende Übung helfen:

- ein paar Male tief durchatmen,
- die Drei-Stufen-Übung (Seite 19 ff.) durchführen,
- sich auf seinen Wesenskern konzentrieren (zwei Fingerbreit über dem Nabel). In diesem Punkt gleichmäßig ein- und ausatmen, bis man sich und seine Mitte wieder spürt,
- dabei die Worte wiederholen: »Ich bin wertvoll. Ich bin verbunden«,
- eventuell die energetischen Verbindungsstränge in der Vorstellung zurücknehmen.

Alte Formen von Abwehr auflösen

Sobald man sich ein wenig mit den verschiedenen Formen von Abwehrstrategien beschäftigt hat und sich über die eigenen Muster klar geworden ist, wird es immer schneller gelingen, seine eigenen Reaktionen zu durchschauen. Die nicht mehr konstruktiven, automatisch ablaufenden Reaktionsweisen können nun schnell gestoppt werden.
Wenn Sie im Zusammensein mit anderen in Ihre üblichen Abwehrstrategien verfallen und sich daraus befreien möchten, haben Sie jedoch oft nicht die Zeit und Gelegenheit, die entsprechenden Auflösungsschritte sofort durchzuführen. Glücklicherweise ist es genauso hilfreich, die Übung nach der Begegnung zu machen und dann ungestört und in Ruhe die Missverständnisse zu klären, die durch das eigene, von alten Mustern geprägte Verhalten entstanden sind.

Zum schnellen Auflösen der alten, überholten Abwehrstrategien ist es darüber hinaus hilfreich, die Auflösungsschritte eigens zu verankern. Nach ihrer Verankerung fällt es leichter, die Übung zu jeder Zeit abzurufen. Dazu geht man wie folgt vor:

- Sie identifizieren die elementare Abwehrstrategie, die Sie im Alltag automatisch anwenden, zum Beispiel mit Hilfe der Fragen auf Seite 161.
- Daraufhin praktizieren Sie die entsprechende, im vorhergehenden Kapitel erläuterte Übung zur Auflösung einige Male. Wiederholen Sie diese Übung, bis Sie ein Gefühl dafür bekommen.
- Dann wird diese Übung mit einer Bewegung oder Geste verbunden. Das heißt, Sie halten während des Übens zum Beispiel einen Gegenstand (einen Stein, ein Schmuckstück oder Ähnliches), den Sie dann immer bei sich tragen, oder falten während des Übens die Hände oder legen sie übereinander.

Zur Verankerung der Übung kann auch die zu jeder Musterauflösung vorgeschlagene Affirmation (zum Beispiel »Ich bin wertvoll. Ich bin verbunden« im Fall des Abwehrmusters beim theatralischen Typ) dienen.

- Sie verbinden die bei jedem Charaktertyp angegebene Affirmation mit der ganzen Übung und benutzen die Worte als Mantra.
- Nach jedem einzelnen Übungsschritt sprechen Sie die Affirmation und spüren dabei diesem Schritt noch einmal nach. Auf diese Weise verknüpfen Sie die gesamte Übung mit der Affirmation.

Bei Bedarf greifen Sie nach dem Stein oder legen die Hände aufeinander oder sprechen innerlich das Mantra – je nachdem, wie Sie die für Sie passenden Lösungsschritte verankert haben. Das neue Bewusstsein kann damit schnell abgerufen werden, und es fällt nun leichter, sich der Situation angemessen zu verhalten und konstruktiv zu reagieren, statt in das alte Muster zu verfallen.

Schnelle Hilfe bei Kommunikationsstress

Generell ist es hilfreich, sich bei einem Austausch oder Kontakt mit anderen, der unbefriedigend verläuft, zu fragen:

- Fühle ich mich durch irgendetwas bedroht?
- Verletzt mich das Verhalten meines Gegenübers?
- Macht mich das Verhalten meines Gegenübers wütend und ungeduldig?
- Bin ich einfach nur gestresst?

Man sollte sich klar werden, wie man reagiert:

- Flüchte ich?
- Werde ich hilflos?
- Weise ich Hilfe zurück, und ziehe ich mich zurück?
- Fühle ich mich so angegriffen, dass ich zum Gegenschlag übergehe?
- Versuche ich, den anderen einzuwickeln oder sogar auszutricksen?
- Ziehe ich mich hinter meinen Panzer zurück und warte ab?
- Bin ich geistig abwesend?
- Werde ich so nervös, dass ich hysterisch agiere?

Falls das eine oder andere Verhalten auf Sie zutrifft, sind folgende Grundstrategien zu empfehlen, die helfen, klar und handlungsfähig zu bleiben:

- Die Stellung/Lage verändern, um die Situation zu unterbrechen.
- Ein paar Male bewusst durchatmen, um wieder bei sich selbst anzukommen.
- Sich erden, mit Hilfe des inneren Bildes von Wurzeln, die von den Füßen in die Erde wachsen, oder von einem elastischen Seil, das am Erdmittelpunkt festgeknotet wird.
- Das Blaue Ei visualisieren (siehe Seite 20).
- Sich mit dem Höheren Selbst verbinden (siehe Seite 21).
- Ganz bei sich bleiben und nichts mehr wollen, um keine Energien mehr auszusenden.
- Sich mit dem intuitiven Teil in sich selbst verbinden und darauf hören, was zu tun ist (siehe »Der Intuition folgen« ab Seite 79).

Wenn es gelingt, das eigene Verhaltensmuster loszulassen, wird sich sofort die Situation verändern, und die Begegnung kann nun einen für beide Teile positiven Verlauf nehmen.

So weit zur Klärung des eigenen Verhaltens. Sollte der andere allerdings an seinen Abwehrstrategien festhalten, können folgende typspezifische Schritte helfen, falls Sie mit Ihrem Gegenüber trotzdem den Kontakt aufrechterhalten wollen.

Reaktionsmöglichkeiten auf die Abwehrstrategie des Flüchtenden:

Wenn Sie spüren, dass ein Mensch des flüchtenden Typs bei einem Gespräch energetisch gar nicht mehr anwesend ist und Ihnen dessen leerer Blick begegnet, können Sie Folgendes tun:

- Einige Male tief durchatmen und die eigenen ausgesandten Energien ganz zurückziehen beziehungsweise keine neuen mehr aussenden, das heißt, bei sich bleiben und aufhören, etwas zu wollen. Da der Flüchtende nur eine schwache Aura-Grenze hat, kommt ihm alles zu nahe. Deshalb sollten Sie zudem auf Augenkontakt verzichten, wenn Sie seine Abwehr in einer solchen Situation nicht noch mehr herausfordern wollen.
- Sich das eigene Energiefeld in Form des Blauen Eies vorstellen, um sich auf sich selbst zu konzentrieren und sich nicht vom Verhalten des anderen irritieren zu lassen.
- Auf die eigene Intuition hören, was zu tun ist. Vielleicht ist es besser, das Gespräch jetzt abzubrechen und zu einem anderen Zeitpunkt weiterzuführen, statt sofort zu versuchen, den Kontakt wiederherzustellen.

Um den Kontakt wiederherzustellen und einen konstruktiven Austausch zu ermöglichen, können Sie versuchen:

- Geduld zu üben und sich um ein liebevolles Verständnis für den flüchtenden Typ und seine Situation zu bemühen,
- sich auf die hohen Frequenzen der spirituellen Schichten, in die sich der Flüchtende meist zurückzieht, einzustellen. Dazu können Sie sich mit der Ebene seines Höheren Selbst verbinden (Teil 3 der Drei-Stufen-Übung, Seite 21) oder mit dem höchsten Gut, an das Sie glauben.
- Wenn Sie auf derselben Ebene schwingen, kann das Ener-

giefeld des anderen harmonisiert werden, indem Sie bewusst in einen ruhigen und entspannten Zustand gehen. Er überträgt sich dann auf Ihr Gegenüber.
- Erden Sie sich ganz bewusst, indem Sie sich vorstellen, dass von Ihren Füßen Wurzeln in die Erde wachsen. Auf diese Weise kann es Ihnen gelingen, den Flüchtenden ebenfalls wieder auf den Boden zu holen.

Reaktionsmöglichkeiten auf die Abwehrstrategie des Bedürftigen*:*

Falls Sie es mit einem Menschen des bedürftigen Typs zu tun haben, der sich in seine Abwehrstrategie flüchtet, werden Sie feststellen, dass der Bedürftige alles unternehmen wird, um von Ihnen Energie zu bekommen. Man kann dies mit ganz einfachen Mitteln verhindern:

- Verändern Sie Ihre Sitzposition, oder gehen Sie einen Schritt zur Seite, um sich etwas abzuwenden und dem Bedürftigen keine direkte Angriffsfläche zu bieten.
- Um sich selbst vor dem Aussaugen zu schützen, ist es stets hilfreich, das Blaue Ei (Seite 20) zu visualisieren.
- Sie bleiben ganz bei sich und gut geerdet, indem Sie sich mit Hilfe innerer Bilder im Boden verwurzeln.
- Sollte ein leeres Gefühl in der Magengrube entstanden sein, hilft es, sich vorzustellen, wie man den »Fangarm« aus dem eigenen Solarplexus-Chakra zieht (siehe Seite 70).
- Zum Schutz vor weiteren Saugaktionen können Sie eine starke Schutzkappe in diesem Bereich visualisieren und/oder die Hände auf den Bauch legen.
- Vermeiden Sie es, Augenkontakt aufzunehmen.
- Bleiben Sie bei sich, und hören Sie auf, etwas zu wollen, um keine Energie mehr abzugeben.

- Nicht darauf eingehen – das heißt, nicht näher rücken oder noch konzentrierter lauschen –, falls die Stimme des bedürftigen Typs immer leiser wird. Bitten Sie ihn stattdessen, lauter zu sprechen.
- Sobald der andere nur noch um des Redens willen redet, brechen Sie das Gespräch einfach ab.
- Fragen Sie den anderen, was er wirklich will.
- Bringen Sie Ihrem Gegenüber Achtung entgegen, und vermitteln Sie ihm, dass Sie ihn für stark genug halten, seinen Weg zu gehen.
- Hilfreich ist, die eigene Konzentration auf das Wurzel-Chakra des Bedürftigen zu richten und sich vorzustellen, dass es sich öffnet und die Energie der Erde in diesem Bereich aufnimmt. Damit dies gelingt, muss allerdings das eigene Wurzel-Chakra geöffnet sein.

Machen Sie sich darauf gefasst, dass Sie bei einem Bedürftigen mit Ihrem Vorgehen durchaus auf Widerstände stoßen – einfach weil er die Kontrolle behalten will über die Art und Weise, wie er etwas bekommt oder verweigert.

Reaktionsmöglichkeiten auf die Abwehrstrategie des Selbstgenügsamen*:*

Als Gegenüber eines Selbstgenügsamen wird man erleben, dass er in Situationen, die für ihn voller Stress oder Bedrohungen sind, die Verbindung abbricht und sich gar nicht mehr helfen lässt. Will man trotzdem mit ihm in Kontakt bleiben, kann man Folgendes tun:

- Ziehen Sie die eigenen Energien zurück, das heißt, verzichten Sie auf jedes Helfenwollen.
- Die Drei-Stufen-Übung (Seite 19 ff.) durchführen, denn sie

hilft, ganz bei sich zu bleiben, nicht noch mehr Energien auszusenden und intuitiv zu erfassen, was für Sie und den Kontakt zum Selbstgenügsamen am besten ist.
- Man sollte dem Selbstgenügsamen Raum geben, damit er die Dinge so tun kann, wie er es für richtig hält. Das heißt für Sie, dass Sie sich nicht in seine Angelegenheiten einmischen und von allen noch so gut gemeinten »Rettungsaktionen« Abstand nehmen.

Wenn Sie diese einfachen Ratschläge beherzigen, erhält der Selbstgenügsame die Möglichkeit, sich wieder zu öffnen, und der Kontakt kann aufrechterhalten werden.

Reaktionsmöglichkeiten auf die Abwehrstrategie des Dominanten*:*

Falls Sie es mit einem Menschen des dominanten Typs in Abwehrstellung zu tun haben, kann es schwer fallen, sich nicht in einen Machtkampf verwickeln zu lassen. Aber es gibt ein paar einfache Verhaltensregeln, die helfen, nicht in die Falle zu tappen:

- Ein paar Male tief durchatmen, um bei sich selbst anzukommen.
- Achten Sie darauf, die Knie nicht durchzudrücken. Solange Sie die Knie locker lassen, fließt die Energie, und Sie können flexibel ausweichen.
- Vergessen Sie nicht, dass der andere Sie als Angreifer sieht. In seinen Augen sind Sie der oder die Böse.
- Auch in dieser Situation ist es eine große Hilfe, sich über die Vorstellungskraft tief in der Erde zu verankern (sich zu erden) und alle ausgesandten Energien zurückzuziehen, indem Sie innehalten und bei sich ankommen.

- Sobald Sie dank des ruhigen Atems und der guten Erdung harmonisch in sich ruhen, können Sie auf große Gesten verzichten. Sie sollten nichts mehr tun, als dem anderen einfach nur zuzuhören.
- Sie stärken Ihre Position, indem Sie immer mehr in die Beine atmen, bis sich die Energie dort ausbreitet.
- Um sich in keine Auseinandersetzung hineinziehen zu lassen, können Sie sich mit den inneren Worten unterstützen: »Nicht streiten, nicht streiten.«
- Visualisieren Sie, dass Ihr Aura-Rand aus einer undurchdringlichen Schale besteht, an der jegliche aggressive Energie abperlt und in die Erde fließt.
- Machen Sie sich Ihre Achtung für sich selbst und den anderen bewusst. In ruhigen Worten sollten Sie ausdrücken, dass Sie dem anderen vertrauen und gern mit ihm zusammen sind.
- Erklären Sie Ihre Bereitschaft, an der Situation etwas zu verändern und Verantwortung für den eigenen Anteil daran zu übernehmen.

Wenn der dominante Typ die Wertschätzung seines Gegenübers spürt und erkennt, dass dieser ihm nichts Böses will, zieht er seine angreifenden Energien zurück. Meist kann dann ein konstruktiver Austausch folgen.

Reaktionsmöglichkeiten auf die Abwehrstrategie des Umgarnenden*:*

Im Kontakt mit dem umgarnenden Typ wird man erleben, dass dieser immer mehr zu Schmeicheleien übergeht und dabei oft Unwahrheiten erzählt. Will man die Kommunikation wieder auf ein solides Fundament stellen, kann man Folgendes tun:

- Um nicht mehr auf die Schmeicheleien und Unwahrheiten hereinzufallen, bietet das Visualisieren des Blauen Eies (Seite 20) einen guten Schutz.
- Sorgen Sie dafür, gut geerdet zu sein (Visualisierung der Verwurzelung in der Erde). Es ist wichtig, dass wenigstens Sie mit beiden Beinen auf der Erde stehen, denn wie Sie ja schon wissen, ist der Umgarnende oft nicht geerdet.
- Ratsam ist, das Sexual-Chakra zu schließen, da der Umgarnende oft mit sexuellen Untertönen agiert und Sie dazu verführen will, nach seiner Pfeife zu tanzen.
- Vermitteln Sie Ihrem Gegenüber, dass Sie echtes Interesse an einem Austausch haben; fragen Sie den anderen, was er wirklich möchte.

Reaktionsmöglichkeiten auf die Abwehrstrategie des Ausharrenden*:*

Falls der ausharrende Typ in sein typisches Abwehrmuster verfällt, werden Sie erleben, dass kein ebenbürtiges Miteinander mehr möglich ist. Der Ausharrende benutzt Sie, um wieder das Gleiche zu erfahren: gedemütigt zu werden. Ein echter Austausch kommt in Gang, wenn Sie ein paar einfache Dinge beherzigen:

- Sie kommen beim Ausharrenden nicht weiter, wenn Sie mit Zorn und Ungeduld reagieren; bleiben Sie also gelassen.
- Atmen Sie lieber ein paar Male tief durch, um zu sich selbst zurückzukommen. Verändern Sie ganz bewusst Ihre Position, indem Sie sich zum Beispiel seitlich drehen, so dass Sie aus der »Schusslinie« gelangen.
- Auch ein Abrücken ist hilfreich. Achten Sie darauf, dem anderen dadurch mehr Raum zu geben, ohne dass er den Eindruck gewinnt, Sie wollten ihn ignorieren. Für das rich-

tige Maß an Nähe und Distanz ist Ihr Fingerspitzengefühl gefragt.

- Senden Sie keine Energien mehr aus. Bleiben Sie bei sich, ohne vom anderen etwas zu wollen oder zu erwarten.
- Das Visualisieren des Blauen Eies hilft Ihnen in dieser Situation, bei sich zu bleiben, sich selbst zu spüren und davor geschützt zu sein, in das Muster des anderen hineingezogen zu werden.
- Sollte ein Druck- oder Verknotungsgefühl in der Magengrube entstanden sein, den »Fangarm« des ausharrenden Typs aus dem eigenen Solarplexus-Chakra ziehen (siehe Seite 70).
- Zum Schutz vor weiteren Verknotungen eine starke Schutzkappe vor dem Solarplexus-Chakra visualisieren und/oder die Hände davorlegen.
- Die eigene Energiefrequenz auf die des ausharrenden Typs einstellen, indem man sich in ihn einfühlt.
- In der Vorstellung können Sie die eigene Aura ausdehnen, bis ihr äußerer Rand den der Aura des anderen berührt. Dadurch wird ein Kontakt hergestellt, ohne dass es nach dem Empfinden des anderen zu einem Übergriff kommt. Stellen Sie sich auf ein Gefühl der Achtung sowohl für sich selbst als auch für den anderen ein. Im Austausch mit einem Menschen des ausharrenden Typs ist es vor allem wichtig, dafür zu sorgen, von Gleich zu Gleich miteinander zu kommunizieren.

Reaktionsmöglichkeiten auf die Abwehrstrategie des Machers*:*

Im Kontakt mit einem Menschen des Macher-Typs kann es schnell geschehen, dass man plötzlich nur noch ins Leere redet. Abhilfe schaffen Sie mit folgenden Maßnahmen:

- Gehen Sie mehr auf Tuchfühlung; rücken Sie ruhig etwas näher an den anderen heran. Ein Macher verfügt über klar umrissene, feste Grenzen, und so könnte es sein, dass er sich durch die körperliche Nähe wohler fühlt – ein Mensch mit unklarer Abgrenzung, zum Beispiel der Flüchtende, würde sich in derselben Lage unbehaglich fühlen.
- Ein wichtiger Schritt, um die Kommunikation wieder in Fluss zu bringen, besteht darin, bei sich selbst zu beginnen: Besinnen Sie sich auf sich selbst, und verbinden Sie sich in Gedanken mit Ihrem eigenen Wesen. Stellen Sie sich vor, wie Ihr ureigenes Wesen die ganze Aura ausfüllt. Berühren Sie dann in der Vorstellung den Rand der Aura Ihres Gegenübers mit dem eigenen Energiefeld, und konzentrieren Sie sich auf dessen Wesenskern (zwei Fingerbreit oberhalb des Nabels) mit Hilfe des eigenen Wesenskerns, bis Sie eine Verbindung spüren.
- Nehmen Sie bewusst liebevoll Anteil am anderen, indem Sie ihm Ihr Herz öffnen.
- Vermitteln Sie dem anderen, dass Sie ihn auch dann achten, wenn er keine außergewöhnlichen Leistungen erbringt. Er soll wissen, dass er nichts Besonderes tun muss, um Ihre Wertschätzung zu erhalten.

Oft braucht man viel Geduld und Beharrlichkeit, um einen Macher zu erreichen, da er schon wieder etliche Schritte vorausgeeilt ist, um seinem Glück nachzujagen. Ein Versuch lohnt sich aber immer.

Reaktionsmöglichkeiten auf die Abwehrstrategie des Theatralischen*:*

Gehört Ihr Gegenüber zum theatralischen Typ und ist dabei, Sie in sein Drama hineinzuziehen, können Sie Folgendes tun:

- Atmen Sie zuerst einmal tief durch. Dadurch kommen Sie wieder ganz zu sich selbst.
- Visualisieren Sie das Blaue Ei, und stellen Sie sich vor, wie der emotionale Ansturm daran abprallt.
- Achten Sie auf eine gute Erdung, um nicht von den Emotionen des Theatralischen mitgerissen zu werden.
- Sie schützen sich vor den starken Emotionen des Theatralischen, indem Sie Ihr Sexual- und Solarplexus-Chakra schließen (zur Technik siehe Seite 59/60).
- Atmen Sie gleichmäßig in den Bauch, bis eine innere Ruhe eintritt. In der Vorstellung breiten Sie diese Ruhe und Gelassenheit über Ihr gesamtes Energiefeld aus – und noch weiter über den ganzen Raum.
- Bleiben Sie ruhig und präsent, das heißt, vermeiden Sie Gefühlsausbrüche.
- Setzen Sie Grenzen, indem Sie dem Theatralischen nicht erlauben, weiterhin durch Gesten und Aufgeregtheit die Szene zu beherrschen.
- Sie helfen dem Theatralischen, wieder zu sich zu kommen, wenn Sie ihn auffordern, bewusst ein- und auszuatmen, bis sich sein Atem wieder beruhigt.
- Es ist hilfreich, dem anderen zu vermitteln, dass man auch ohne seine dramatischen Effekte für ihn da ist und ihn sieht.
- Es hilft auch, ihm dann einfach nur zuzuhören und gegebenenfalls um mehr Klarheit bei seinen Ausführungen zu bitten und nach der Bedeutung des Dramas zu suchen.

Oft ist der Umgang mit einem theatralischen Typ, der gerade in seine Abwehrstrategie verfällt, ein Balanceakt, da ein emotionales Reagieren die Situation nicht beruhigt und ein zu neutrales Verhalten vom anderen als Teilnahmslosigkeit ausgelegt wird und meist zu weiteren Ausbrüchen führt. Die gerade beschriebenen Schritte können es aber erleichtern, wieder zu einem ausgewogenen Miteinander zu finden.

Auf äußere Bedrohungen reagieren

Neben den subjektiv als bedrohlich empfundenen Situationen gibt es aber auch solche, die eine reale mögliche Bedrohung enthalten. Auch diese äußeren realen Bedrohungen können zu einer Aktivierung der Abwehrmechanismen der einzelnen Typen führen. Dies kann bei Auseinandersetzungen der Fall sein, die plötzlich in aggressive verbale Attacken münden, bei massivem Mobbing oder häuslichen Auseinandersetzungen (zum Beispiel: ein betrunkener Mann bedroht seine Frau). Fast jeder wird aus eigener Erfahrung die Situation kennen, dass man nachts durch ein mehr oder weniger verlassenes Stadtviertel gehen muss, wo einem als Erstes einige wenig vertrauenswürdig aussehende Gestalten auffallen. Es muss nicht wirklich etwas passieren, es könnte aber durchaus sein, dass man angegriffen wird. Hier helfen die »normalen« Abwehrstrategien nicht viel weiter, vielmehr kommt es darauf an, die eigene Aura möglichst geschlossen und kraftvoll zu halten. Man verhindert dadurch, seiner Kraft beraubt und dadurch verletzbar zu werden. Die im Folgenden beschriebenen Möglichkeiten können helfen, sich rasch zu zentrieren und den Schutz des Energiefeldes zu aktivieren und zu stabilisieren.

Das Blaue Ei

Eine blitzschnelle und wirksame Schutzmaßnahme besteht darin, einfach das Blaue Ei (siehe Seite 20) zu visualisieren. Bleibt mehr Zeit, verstärkt die Drei-Stufen-Übung (Seite 19 ff.) den Schutz vor äußeren Bedrohungen.

Beispiel: Eine Kursteilnehmerin erzählte, wie sie am Abend zuvor im Dunkeln zu ihrem Auto gegangen war, das sie in einer schlecht beleuchteten Nebenstraße geparkt hatte. Sie war so in Gedanken versunken, dass sie erst sehr spät einen Mann bemerkte, der direkt auf sie zukam. Der Mann war offensichtlich angetrunken, schimpfte lauthals auf die Frauen und hob dabei drohend die Hand. Sie konnte ihm nicht mehr ausweichen, und es blieb ihr nur noch Zeit, um sich herum das schützende Blaue Ei zu visualisieren. Kurz vor ihr hielt der Mann plötzlich inne, sah sie irritiert an, murmelte etwas und zog sich auf die andere Straßenseite zurück. Dort schimpfte er lauthals weiter.

Dazu muss man noch wissen, dass wir an jenem Abend durch Übungen unsere Aura stark aufgeladen hatten und das Energiefeld der Teilnehmerin groß und stark war – und sie deshalb mit dem Gedanken an das Blaue Ei sofort ihren bestmöglichsten Schutz herstellen konnte. Aber auch wenn man sich nicht in seinem optimalen energetischen Zustand befindet und schnell verstärkten Schutz braucht, kann die Konzentration auf das Blaue Ei die eigene Energie sofort erhöhen. Dies gelingt am besten, wenn einem die Drei-Stufen-Übung schon in Fleisch und Blut übergegangen ist, dann wird man durch die Konzentration auf das Blaue Ei schnell ein annähernd hohes Energieniveau erreichen, als hätte man die komplette Drei-Stufen-Übung durchgeführt (siehe auch »Verankern der Übungen«, Seite 160).

Das goldene Schutznetz

Um Zimmer, Wohnungen und Häuser zu schützen, kann die Visualisierung eines goldenen Netzes von Nutzen sein. Wenn Sie das Gefühl haben, dass unerwünschte Energien in Ihren Wohnraum eindringen, zum Beispiel negative Gedanken anderer Menschen, oder sich allgemein eine angespannte Atmosphäre ausbreitet, sollten Sie in Ihrer Vorstellung ein goldenes Netz um Ihr Zimmer, Ihre Wohnung und das ganze Haus ziehen. Achten Sie darauf, dass dieses Netz ganz geschlossen ist.

Beispiel: Eine Patientin hatte nach der Trennung von ihrem Mann oft das Gefühl, dieser wäre auch in ihrer neuen Wohnung anwesend. Der Hintergrund für dieses Phänomen war wahrscheinlich das nicht Loslassenkönnen vonseiten des Mannes, der die Trennung nicht wollte, sowie die Schuldgefühle der Patientin. Wir führten die Übung des goldenen Schutznetzes gemeinsam für ihre Wohnung und das Haus durch, in dem die Wohnung lag. Ich riet ihr außerdem, die Übung des Blauen Eies für sich durchzuführen und die Visualisierung des goldenen Netzes zu wiederholen. Zwei Wochen später kam sie wieder in die Praxis und erzählte auf meine Frage, dass sie die Wiederholung der Übung (goldenes Netz) ganz vergessen habe, da seit damals die unangenehmen Phänomene nicht mehr aufgetreten seien.

Das schützende energetische Netz behält normalerweise etwa eine Woche lang seine Wirkung. Es weist alle Schwingungen mit einer niedrigeren Frequenz ab, das heißt alle negativen Einflüsse der Umwelt in Form von Gedanken oder Gefühlen. Zusätzlich ist zu empfehlen, die Räume zu reinigen – durch Räuchern, zum Beispiel mit Salbei, und/oder durch energetische Maßnahmen, wie im Abschnitt »Fremdenergien« auf Seite 65 kurz beschrieben.

Schutztier und Schutzgeist

Im Schamanismus geht man davon aus, dass es so genannte Krafttiere gibt. Sie verleihen Stärke und helfen bei Dingen, die man sich nicht zu tun traut. Sie fungieren als Begleiter. Krafttiere sind gut geeignet, den eigenen Schutz aufzubauen oder zu verstärken.

Welches Tier passt zu Ihnen und kann Ihnen den Schutz gewähren, den Sie brauchen? Vielleicht hatten Sie schon immer eine Vorliebe für ein bestimmtes Tier, das Ihnen jetzt Schutz und Kraft gibt?

Vertrauen Sie auf Ihre Intuition, wenn es darum geht, die richtige Wahl zu treffen.

Stellen Sie sich vor, wie das von Ihnen gewählte oder in der Meditation wahrgenommene Schutztier Ihnen zur Seite steht. Spüren Sie dessen Kraft, die auf Sie übergeht. Üben Sie diese Visualisierung, so dass Sie dieses Bild beziehungsweise die schützende Kraft in einer bedrohlichen Situation sofort abrufen können.

Manche Menschen haben mehr Zugang zu einem Schutzgeist; die bekannteste Form ist sicher der Schutzengel. Genauso wie bei der Visualisierung des eigenen Krafttiers können Sie Ihre Intuition einsetzen, um Ihren Schutzgeist zu finden.

Schutz für Kinder

Wenn von außen Gefahr droht, läuft bei den meisten Eltern ein ganz natürlicher Reflex ab, und sie nehmen ihr Kind automatisch in ihren Schutz – zum Beispiel äußerlich, indem sie es an sich ziehen oder festhalten und umarmen. Die Mutter oder der Vater kann den eigenen Schutz noch durch das Visualisieren des Blauen Eies (Seite 20) verstärken und das Kind in Gedanken mit hineinnehmen.

Wenn das Kind nicht in unmittelbarer Nähe ist, kann die

Mutter oder der Vater in der Vorstellung die eigene Aura ausdehnen und das Kind mit der eigenen Energie umhüllen.
Bei größeren Kindern – etwa ab dem Alter von fünf Jahren – wird es nicht möglich und sinnvoll sein, dass das Kind ständig im Schutz der Eltern bleibt. In dem Maß, wie das Kind beginnt, eigene Schritte zu tun und auf Entdeckungsreise zu gehen, wird der Aufbau eines eigenen Schutzes immer wichtiger. Eltern können dies fördern, indem sie die kindliche Aura durch das Visualisieren des Blauen Eies um das Kind herum stärken. Je nach Situation sollten sie es noch in den eigenen Schutzraum aus blauer Energie nehmen.
Jedes Kind durchläuft Entwicklungsphasen, in denen es die kleine Welt um sich herum und später auch die große Welt außerhalb des Elternhauses erkunden und erobern will. Dies ist nicht nur eine Herausforderung für das Kind, sondern häufig auch für die Eltern, meistens für die Mutter. Sie sollten das Kind jedoch nicht durch ihre Gedanken und Gefühle festhalten – durch die Angst, es könnte etwas Unheilvolles passieren. Die Eltern sollten in positiver Verbindung zu dem Kind bleiben, so dass das Kind seine eigenen Schritte tun und trotzdem die Eltern jederzeit erreichen kann, wenn es sie braucht.
Die Eltern können sich und das Kind bei diesen Schritten in das Neue unterstützen:

- Um das Kind herum das Blaue Ei visualisieren – dadurch wird die Aura des Kindes stärker, und es kann sich besser behaupten.
- Für den zusätzlichen Schutz dem Kind ein Krafttier mitgeben. Das Kind fragen, welches Tier es begleiten und beschützen soll. Kinder haben noch einen guten Zugang zu diesen Ebenen und freuen sich über ihren Beschützer.
- Keine eigenen Ängste mitgeben, sondern positive Gedan-

ken – das heißt, die eigenen Gedanken immer wieder daraufhin prüfen.

Schutz für Kranke

Eine Krankheit verringert den natürlichen Schutz des Menschen zum Teil in erheblichem Maß. Durch die Krankheit verstärken sich Blockierungen im Energiesystem, was zu einem Verlust von Kraft führt. Ein kranker Mensch wird deshalb zusätzlich an äußeren Einflüssen leiden, die er nicht mehr abzuwehren vermag. Bei einem Schwerkranken kann es deshalb hilfreich sein, dass man für ihn die Aufgabe übernimmt, einen Schutz um ihn herum aufzubauen.

Generell sollte man sich jedoch vor jeder Hilfsaktion – besonders vor energetischen Einflussnahmen – die Frage stellen, ob möglicherweise egoistische Gründe den Ausschlag geben und ob man sich überhaupt einmischen darf. Wenn möglich, ist es besser, die kranke Person zu fragen, ob sie Hilfe möchte, und ihr die Übung zeigen, so dass sie diese bei Bedarf selbst ausführen kann.

Falls Sie einen Kranken energetisch unterstützen wollen, gehen Sie wie folgt vor:

- Führen Sie für sich die Drei-Stufen-Übung (Seite 19 ff.) durch.
- Konzentrieren Sie sich dann auf die kranke Person (falls sie sich an einem anderen Ort befindet, kann ein Foto helfen, oder Sie stellen sich die Person intensiv vor).
- Beginnen Sie noch einmal mit der Drei-Stufen-Übung, indem Sie die Übung Schritt für Schritt für den Kranken machen: Sie stellen sich vor, dass aus den Füßen des Kranken Wurzeln in die Erde wachsen ... und so weiter. Wenn möglich, lassen Sie ihn gleich aktiv mitmachen.

Schnelle Abwehrtechniken bei körperlichen und verbalen Angriffen

Es gibt viele Schutztechniken, und der eigenen Fantasie sind dabei keine Grenzen gesetzt. Als wirksam haben sich folgende Visualisierungen erwiesen. Um sich vor Angriffen zu schützen, können Sie sich vorstellen, dass Sie

- Ihre eigene Aura unter Strom stellen,
- dem Angreifer mit einem großen Schwert entgegentreten,
- einen großen Schutzschild vor sich halten,
- dem Angreifer ein großes Stoppschild entgegenhalten,
- einen Spiegel vor dem Angreifer aufbauen.

Beispiel: Eine Patientin rief mich eines Tages an und wusste weder ein noch aus. Ihr Mann, der Alkoholiker sei, würde sie nur noch beschimpfen, und sie könne kein vernünftiges Wort mehr mit ihm wechseln. Alle Versuche, ihn zu einer Therapie zu bewegen, seien bisher an ihm abgeprallt. Sie wolle ihn aber auch nicht einfach hinauswerfen. Ich schlug ihr vor, gedanklich einen Spiegel vor ihm aufzustellen, wenn die Situation für sie bedrohlich werden sollte. Sie erzählte mir später von ihrer Erfahrung mit dieser Technik. Bei einer gemeinsamen Autofahrt, die für die Patientin unerträglich wurde, da ihr Mann sie fortwährend verbal angriff, hielt sie ihm in ihrer Vorstellung einen Spiegel vor. Er sagte plötzlich nichts mehr und sprach nach einer Weile wieder in einem normalen Ton mit ihr.
Die genannten Techniken können zwar nie die Lösung für einen tiefer sitzenden zwischenmenschlichen Konflikt oder ein innerpsychisches Problem sein, aber sie können in Notsituationen vorübergehend helfen.

Pentagramm

In der heutigen Zeit wird der Mensch durch die Medien und deren weltweite Berichterstattung über Katastrophen, Gewaltaktionen und Unfälle immer mehr belastet. Ängste treten auf. Vor allem bei Reisen per Flugzeug, Schiff oder Auto fühlen sich viele nicht mehr sicher.
Bei einem steigenden Gefühl von Unsicherheit oder wenn bei Reisen verstärkt Ängste auftreten, kann es helfen, einen weiß leuchtenden, fünfzackigen Stern, ein Pentagramm, zu visualisieren, zum Beispiel über dem Auto, Flugzeug oder einem anderen Gefährt, in dem man sich befindet. Das weiße Pentagramm ist ein Symbol des Schutzes, das zur Abwehr von Gefahren dient.

Die verschiedenen Charaktertypen begegnen sich

Wenn sich zwei Menschen begegnen, findet immer eine Wechselwirkung statt. Zum Beispiel fühlen sich zwei Menschen voneinander angezogen, da jeder Eigenschaften mitbringt, die dem anderen fehlen. Es kann der Anstoß dafür sein, diese fehlenden Eigenschaften bei sich selbst zu entwickeln. Oder es treffen zwei aufeinander, die nur Schwierigkeiten miteinander haben. Häufig spiegelt dann der eine dem anderen Verhaltensweisen wider, die ihm selbst zu Eigen sind, die er aber an sich nicht wahrnehmen mag. Erkennen sie sich in ihrem jeweiligen Spiegelbild, können sie viel voneinander lernen.
Die folgenden kurzen Beschreibungen der Interaktionen

zwischen den Typen können jeweils nur eine Grundrichtung aufzeigen. Auch ist der Mensch meist mit Anteilen mehrerer Typen ausgestattet, daher werden diese Beschreibungen eher zum Nachdenken anregen und Anhaltspunkte und Impulse für Kontakte mit anderen Menschen geben.
Wenn man die eigenen Muster erkannt hat und den anderen in seinem Verhalten versteht, vermag man konstruktiver mit seinen Mitmenschen umzugehen, sei es in verfahrenen Familiensituationen, bei einem Streit mit dem Partner, aber auch bei Vorstellungsgesprächen oder bei Behördenangelegenheiten.

F/F – Zwei Flüchtende

Beide kommen meist gut miteinander aus, wenn sie ihre Schüchternheit überwunden haben. Keiner übertritt die brüchigen Grenzen des anderen. Beide haben das gleiche hohe Energieniveau und können sich so bestens auf der rein intellektuellen und spirituellen Ebene austauschen. Endlich versteht ein anderer ihre Ideen, ihre spirituellen Erfahrungen und ihre kreative Welt. Da beide Schwierigkeiten haben, ihre Gefühle wahrzunehmen und zuzulassen, bleibt es jedoch meist eine intellektuelle Beziehung.
Fühlt sich der eine vom anderen bedroht, was wahrscheinlich selten passiert, gehen beide aus dem Kontakt und flüchten jeweils in ihre Welt.
Stichwort: geistiger Austausch

F/B – Der Flüchtende und der Bedürftige

Wenn er die Wahl hätte, würde ein Flüchtender am ehesten mit einem Menschen des bedürftigen Typs in Kontakt treten. Dem Flüchtenden fällt es am leichtesten, einen Menschen des bedürftigen Typs kennen zu lernen, da dieser ihm mit seinem bedürftigen und hilflosen Blick am ungefährlichsten erscheint.

	Der Flüchtende	Der Bedürftige	Der Selbstgenügsame	Der Dominante	Der Umgarnende	Der Ausharrende	Der Macher	Der Theatralische
Der Flüchtende	F/F Seite 180	F/B Seite 180	F/S Seite 182	F/D Seite 182	F/U Seite 183	F/A Seite 183	F/M Seite 184	F/T Seite 184
Der Bedürftige		B/B Seite 184	B/S Seite 185	B/D Seite 185	B/U Seite 186	B/A Seite 186	B/M Seite 187	B/T Seite 187
Der Selbstgenügsame			S/S Seite 187	S/D Seite 188	S/U Seite 188	S/A Seite 188	S/M Seite 189	S/T Seite 189
Der Dominante				D/D Seite 190	D/U Seite 190	D/A Seite 191	D/M Seite 191	D/T Seite 192
Der Umgarnende					U/U Seite 192	U/A Seite 192	U/M Seite 193	U/T Seite 193
Der Ausharrende						A/A Seite 194	A/M Seite 194	A/T Seite 194
Der Macher							M/M Seite 195	M/T Seite 196
Der Theatralische								T/T Seite 196

Trotzdem verstehen sich diese zwei Typen auf Dauer nicht so gut, da der Bedürftige Nähe will und der Flüchtende sich dadurch bedrängt fühlt. So geraten beide schnell in ihre Abwehrreaktionen. Der Bedürftige versucht, noch näher an den Flüchtenden heranzurücken, weil er sich verlassen fühlt. Der Flüchtende bekommt dadurch Panik; er verlässt energetisch seinen Körper und ist überhaupt nicht mehr zu erreichen.
Wenn sie dazu bereit sind, können beide aber auch voneinander lernen: Der Flüchtende kann die Angst vor Nähe auflösen und der Bedürftige die Angst vor dem Alleinsein bewältigen.
Stichwort: Nähe

F/S – Der Flüchtende und der Selbstgenügsame

Der Selbstgenügsame wird die instabilen Grenzen des Flüchtenden respektieren und ihm nur selten zu nahe treten. Auf der anderen Seite wird der Flüchtende sich nicht einmischen, wenn der Selbstgenügsame wieder einmal alles allein bewältigen will. Beide haben Verständnis, wenn der andere sich zurückzieht und allein arbeiten möchte. Es kann gut möglich sein, dass sie intellektuell eine gemeinsame Ebene finden.
Der Flüchtende ist möglicherweise davon fasziniert, wie der Selbstgenügsame im Alleingang sein Leben meistert und dennoch mitten unter den Menschen seinen Platz einnimmt.
Stichwort: Akzeptanz

F/D – Der Flüchtende und der Dominante

Beide können sich miteinander wohl fühlen, da sie eine gleichartige Tendenz zeigen, keine Nähe zuzulassen. Sie können sich auch gut bei einem gemeinsamen Vorhaben ergänzen; dabei übernimmt der Flüchtende die Rolle des Planenden und Denkers und der Dominante die des Handelnden. Trotzdem kann es durchaus zu Streit zwischen beiden kommen, da

der Dominante mehr Würdigung erwartet und der Flüchtende ihn nur bedingt in seine Welten einbezieht.
Sobald der Flüchtende spürt, dass der Dominante sich mehr und mehr Übergriffe leistet und ihn sogar attackiert, entzieht er sich. Er geht. Wenn dies nicht möglich ist, verlässt er energetisch ein Stück weit seinen Körper und ist für den anderen nicht mehr greifbar. Der Dominante wird dadurch wütender und versucht noch mehr anzugreifen. Der Flüchtende ist schließlich überhaupt nicht mehr zu erreichen. Der Dominante bleibt frustriert zurück; ohne Gegner ist seine ganze Kraft nutzlos.
Stichwort: Ergänzung

F/U – Der Flüchtende und der Umgarnende

In der Begegnung mit einem umgarnenden Typ wird der Flüchtende vorsichtiger sein als gewöhnlich. Er erkennt, dass etwas am umgarnenden Typ nicht echt ist. Die Zurückhaltung des Flüchtenden kann ein Anreiz für den Umgarnenden sein, ihn doch noch für sich zu gewinnen. Der Flüchtende kann wiederum von der Kontaktfreudigkeit des Umgarnenden fasziniert sein.
Fühlt sich der Umgarnende bedroht, weil ihn der Flüchtende durchschaut, wird er dem anderen mit allen Mitteln beweisen wollen, dass er sich täuscht. Dieser hat sich aber schon längst zurückgezogen, und die Aktionen des Umgarnenden erreichen ihn nicht mehr.
Stichwort: Wahrheit

F/A – Der Flüchtende und der Ausharrende

Der Ausharrende fühlt sich oft zum flüchtenden Typ hingezogen. Die mütterlichen Instinkte werden bei ihm verstärkt geweckt, wenn er die verlorene und einsame Gestalt eines Menschen des flüchtenden Typs sieht. Beide verstehen sich in ihrer Art sehr gut.

Fängt der Ausharrende jedoch an, mehr Nähe zu verlangen, verfallen beide in ihre Abwehrmechanismen: Der Flüchtende entzieht sich, und der Ausharrende versucht, sich noch mehr zu unterwerfen und abhängiger zu machen.
Stichwort: mütterliche Instinkte

F/M – Der Flüchtende und der Macher

Diese zwei Typen gehen sich meist aus dem Weg. Der Flüchtende empfindet den Macher als oberflächlich. Der Macher hält den Flüchtenden dagegen für einen Langweiler und daher für nicht sehr anziehend.
Begegnen sie sich doch, wird in den meisten Fällen nicht viel passieren: Der Macher stürmt am Flüchtenden vorbei, und dieser zieht sich zurück.
Stichwort: Verständnislosigkeit

F/T – Der Flüchtende und der Theatralische

Der Flüchtende wird dem theatralischen Typ meist aus dem Weg gehen, da ihn dessen übersprühende Emotionalität zwar faszinieren kann, aber im Grund abschreckt. Der Theatralische hat weniger Kontaktschwierigkeiten und wird versuchen, auch vom Flüchtenden Aufmerksamkeit zu bekommen, selbst wenn er ihn für einen Langweiler hält. Im Gegenzug vermisst der Flüchtende beim Theatralischen den Tiefgang.
Kommt es zwischen beiden je zu einem Streit, wird der Theatralische ein Drama inszenieren, und der Flüchtende macht sich so schnell wie möglich aus dem Staub.
Stichwort: Emotionalität

B/B – Zwei Bedürftige

Jeder erwartet etwas vom anderen. Sie schauen sich mit großen, hungrigen Augen an und können sich gegenseitig nichts geben. Dies ist für beide frustrierend. Die Beziehung kann trotzdem weiter bestehen, wenn die Angst vor dem Alleinsein größer ist als die Frustration, nicht genügend zu bekommen. Im Grunde ist dies für beide eine unbefriedigende Verbindung. Aber es besteht die Möglichkeit, dass sie in der Bedürftigkeit und Abhängigkeit des anderen ihr eigenes Verhalten erkennen und beginnen, es zu verändern.

Fallen beide in ihre Abwehrreaktion, wird sich nichts mehr bewegen, da sie sich gegenseitig ansaugen und nicht mehr loslassen – aus Angst, den anderen zu verlieren.

Stichwort: Ansaugen

B/S – Der Bedürftige und der Selbstgenügsame

Es kann sein, dass der Selbstgenügsame dem Bedürftigen aus dem Weg geht, da er ihn an seine eigene Bedürftigkeit erinnert. Oder der Selbstgenügsame versucht, dem Bedürftigen zu helfen, und kompensiert so sein eigenes Defizit. Der Bedürftige wird den Selbstgenügsamen für seine Geschicklichkeit und für seine Kraft, alles allein zu tun, bewundern.

Kommt es zwischen beiden zum Streit, wird der Bedürftige sich noch mehr an den Selbstgenügsamen hängen und sich fordernd verhalten. Der Selbstgenügsame hingegen wird dem Bedürftigen erklären, dass er seine Dinge für sich allein machen möchte und den anderen nicht braucht.

Stichwort: gleiches Leid

B/D – Der Bedürftige und der Dominante

Beide verstehen sich gut. Der Dominante hat jemanden gefunden, der versorgt werden will und ihn anhimmelt. Der Bedürftige hat endlich jemanden, der ihn versorgt. Verlangt der Bedürftige jedoch mehr Nähe vom dominanten Typ, ist es mit der Harmonie vorbei. Beide geraten in ihre Abwehrstrategien:

Der Dominante wird den Bedürftigen in die Zange nehmen, bis dieser seiner Meinung ist, und der Bedürftige wird versuchen, sich an dem Dominanten regelrecht festzusaugen. Bleibt der Bedürftige in seinem Abhängigkeitsverhältnis, führt diese Beziehung zu einer Verfestigung beider Verhaltensweisen.
Stichwort: Verfestigung der Muster

B/U – Der Bedürftige und der Umgarnende

Der Bedürftige ist meist davon fasziniert, wie leicht der Umgarnende durchs Leben geht und vieles bekommt, was er sich wünscht. Der Umgarnende findet im Bedürftigen ein leichtgläubiges Opfer. Er wickelt den anderen mit seiner charmanten Art ein und vermittelt dem Bedürftigen, dass er Zuneigung und Nähe bekommt. Am Ende erhält der Bedürftige jedoch gar nichts und hat vielmehr dem Umgarnenden irgendetwas gegeben. Bevor sich der Bedürftige festsaugen kann, ist der Umgarnende schon nicht mehr erreichbar.
Stichwort: Opfer

B/A – Der Bedürftige und der Ausharrende

Beide haben ein großes Bedürfnis nach Nähe. Der Ausharrende gibt seinen Überschuss an Energie gern ab. Der Bedürftige wiederum hat einen Mangel an Energie. So müssten sich beide eigentlich wunderbar ergänzen. Nur sucht der Bedürftige jemanden, zu dem er aufschauen kann, und der Ausharrende jemanden, dem er sich unterwerfen kann. Beide empfinden, dass ihm der andere etwas vorenthält, und reagieren oft mit ihren Abwehrstrategien: Der Bedürftige saugt (quengelt) immer mehr, und der Ausharrende verbarrikadiert sich (bockt). Diese Verbindung führt häufig zur Verfestigung beider Muster.
Stichwort: Ausgleich der Energien

B/M – Der Bedürftige und der Macher

Der Macher-Typ geht dem Bedürftigen oft aus dem Weg. Er genießt es zwar, dass der Bedürftige ihn bewundert, aber er sieht seinen Freiheitsdrang durch den anderen erheblich eingeschränkt. Je mehr der Bedürftige spürt, dass der Macher sich ihm entzieht, umso mehr klammert er sich an ihn – bis der Bedürftige in seiner Überzeugung wieder einmal bestätigt wird, dass er von anderen nicht genug bekommt.
Stichwort: Freiheit

B/T – Der Bedürftige und der Theatralische

Der Bedürftige ist von der intensiven Nähe und all den Gefühlen, die der Theatralische erzeugen kann, meist recht angetan. Wenn er sich dann darauf einlässt, weiß der Theatralische oft nichts mehr davon. Stellt der Bedürftige nun wieder einmal fest, dass er nicht genug bekommen hat, und gehen will, ist prompt der Theatralische wieder da und beteuert ihm seine Gefühle. Für den Bedürftigen wird die Beziehung zu einem einzigen Wechselbad, da die Gefühle des Theatralischen nicht konstant sind, er aber den anderen nicht gehen lassen kann.
Stichwort: Wechselbad der Gefühle

S/S – Zwei Selbstgenügsame

Beide verstehen sich ohne Worte. Jeder geht seiner Arbeit nach und mischt sich beim anderen nicht ein. Sie können eine gewisse Nähe zulassen, da sie die Lebensweise des anderen akzeptieren.
Vielleicht ist es ihnen auf Dauer möglich, im anderen einen Spiegel zu sehen, der die eigentliche Bedürftigkeit erkennen lässt.
Stichwort: Spiegel sein

S/D – Der Selbstgenügsame und der Dominante

Der Selbstgenügsame kann sich vom Dominanten bedrängt fühlen, da der Dominante helfend eingreifen und das Kommando übernehmen will. Der Selbstgenügsame will aber alles in Eigenregie machen und dabei keine Einmischung dulden. Er hat bisher sein Leben selbst geregelt und braucht auch in Zukunft niemanden dafür. Der Dominante hingegen fühlt sich dadurch abgelehnt und nicht gewürdigt. Dies führt meist zu Abwehrreaktionen: Der Dominante greift an, und der Selbstgenügsame zieht sich zurück mit den Worten: »Ich brauche dich nicht. Ich mache es allein.«
Stichwort: Einmischung

S/U – Der Selbstgenügsame und der Umgarnende

Der Selbstgenügsame ist meist von der Leichtigkeit des Umgarnenden angetan, da er selbst das Leben als ständige Herausforderung sieht. Gleichzeitig wird ihm unwohl, wenn der Umgarnende ihn von seinem Weg abbringen möchte, und er wird sich zurückziehen.
Wenn beide sich öffnen, können sie voneinander lernen. Der Umgarnende mag erkennen, dass es notwendig ist, Verantwortung für das eigene Tun zu übernehmen, der Selbstgenügsame, dass es außer Mühe auch noch Vergnügen im Leben gibt.
Stichwort: Leichtigkeit

S/A – Der Selbstgenügsame und der Ausharrende

Der Ausharrende ist höchstwahrscheinlich irritiert, dass der andere seine Hilfe nicht annimmt. Er möchte dem Selbstgenügsamen etwas Gutes tun und ihm nahe sein.
Der Selbstgenügsame wird sich selten in das Muster des Ausharrenden ziehen lassen. Wenn er spürt, dass der Ausharrende lieber jammert, als sich helfen zu lassen, wird er

seiner Wege gehen, da bereits neue Herausforderungen auf ihn warten.
Stichwort: Hilfe

S/M – Der Selbstgenügsame und der Macher

Sie verstehen sich recht gut, da jeder von ihnen Herausforderungen sucht und sich ihnen stellt. Beide wollen unabhängig sein und schätzen es, einen gleichwertigen Partner an der Seite zu haben. Der Selbstgenügsame wird sich – wie es seiner Art entspricht – vergleichsweise mehr zurückziehen, um seine Aufgaben zu bewältigen. Der Macher hingegen kann auch gut andere Menschen einbeziehen, um seine Ziele zu erreichen.
Vom Macher kann der Selbstgenügsame lernen, dass es möglich ist, nicht gleich in Bedürftigkeit zu verfallen, wenn man sich helfen lässt. Kommt es doch zwischen beiden zum Streit, wird der Genügsame abwehren und sich zurückziehen. Der Macher wird seinen Machtwillen demonstrieren oder sich ebenfalls isolieren.
Stichwort: Herausforderungen

S/T – Der Selbstgenügsame und der Theatralische

Der Selbstgenügsame ist wahrscheinlich so lange vom Theatralischen fasziniert, bis dieser beginnt, sich festzuklammern, und dem anderen keinen Freiraum mehr lässt, Dinge allein zu tun. Der Theatralische wiederum ist ganz begeistert von den vielen Abenteuern des Selbstgenügsamen.
Wenn sie bereit dazu sind, können beide voneinander lernen: der Theatralische, dass es nicht nötig ist, bei jeder Herausforderung ein großes Theater machen zu müssen. Der Selbstgenügsame, dass es auch gut tut, das Leben zu genießen und nicht gleich wieder eine Herausforderung zu suchen.
Stichwort: Ausgleich der Extreme

D/D – Zwei Dominante

Beide wollen die Herrschaft. Jeder will groß herauskommen und das Sagen haben. Somit gerät das Aufeinandertreffen von zwei Menschen des dominanten Typs mehr zu einem Kampf als zu einer konstruktiven Begegnung.

Dominante können generell nur wenig Nähe zulassen. Wenn zwei Menschen dieses Typs aufeinander treffen, fühlen sie sich noch mehr in ihrer Position bedroht, und die Beziehung bleibt oberflächlich. Die Abwehrmechanismen springen bei dieser Begegnung meist sofort an, und jeder will dem anderen beweisen, dass er Recht hat und der Bessere ist. Falls sie sich im Verhalten des anderen erkennen und ihr Muster durchschauen, können beide gemeinsam viel bewegen.

Stichwort: Machtkampf

D/U – Der Dominante und der Umgarnende

Sie verstehen sich so lange gut, bis der Dominante sich vom Umgarnenden betrogen fühlt. Der Umgarnende wird mit seiner charmanten Art versuchen, dem Dominanten zu schmeicheln, und ihm vermitteln, wie toll er ihn findet, um seine Ziele zu erreichen. Der Dominante ist zwar anfällig für Schmeicheleien, aber da er von Natur aus zu Misstrauen neigt, kann es auch sein, dass er das Spiel des Umgarnenden durchschaut. Tritt dieser Fall ein, laufen die Abwehrmechanismen auf Hochtouren: Der Dominante versucht den Umgarnenden zu packen und ihn in die Zange zu nehmen. Der Umgarnende windet sich wie eine Schlange und erzählt das Blaue vom Himmel herunter, oder er entzieht sich nach Möglichkeit, so schnell es geht. Wenn beide ihr System, das auf Täuschung aufgebaut ist, erkennen, können sie gelassener reagieren und ihrem gemeinsamen Bedürfnis nach Wahrheit besser nachkommen.

Stichwort: Misstrauen

D/A – Der Dominante und der Ausharrende

Der Dominante bestimmt die Beziehung. Der Ausharrende unterwirft sich, und der Dominante herrscht. Beide verstärken ihre Muster. Der Ausharrende kann es kaum glauben, dass sich der Dominante, der doch so ein toller Mensch ist, für ihn interessiert. Trotz der Bewunderung, die der Dominante vom Ausharrenden bekommt, kann es ihm in dieser Beziehung schnell langweilig werden. Entweder befreit er sich mit einem Streit aus der Verbindung und geht, oder die Abwehrmechanismen beider verstärken sich: Der Dominante greift immer mehr an, und der Ausharrende unterwirft sich immer mehr; die Muster verfestigen sich, und die Begegnung wird zur Quälerei. Sind aber beide bereit, ihre Verhaltensweisen zu durchschauen und vom anderen zu lernen, kann der Ausharrende mehr Leichtigkeit erfahren, und der Dominante wird erkennen, dass es auch Vorteile hat, nicht alles zu leicht zu nehmen.
Stichwort: Selbstverantwortung

D/M – Der Dominante und der Macher

Beide sind sich darin ähnlich, dass sie nach vorn streben und das Beste wollen. Sie müssen alles kontrollieren und können keine Schwäche zulassen. Da sie zu den Kämpfernaturen gehören, dauert es auch nicht lange, bis sie gegeneinander die Säbel wetzen. Der Dominante ist der Angriffslustigere von beiden. Der Macher demonstriert eher nur seine Macht, und erst wenn dies nicht reicht und er angegriffen wird, schlägt er zurück. Der Dominante hingegen hält den anderen immer für den Aggressor und greift sofort an. Erkennen beide, dass sie nichts von ihrer Kraft verlieren, wenn sie den anderen neben sich akzeptieren, können sie gemeinsam große Dinge bewirken.
Stichwort: Wettkampf

D/T – Der Dominante und der Theatralische

Jeder von ihnen steht gern im Mittelpunkt, reagiert impulsiv und liebt das lockere Leben. Da beide nicht zurückstecken wollen, sorgt dies für Zündstoff. Zum Streit führen kann auch die Tendenz des Theatralischen, sich anzuklammern, wenn er spürt, dass sich der Dominante entfernt.

Beide können keine wahre Nähe zulassen, wobei der Dominante einen Streit vom Zaun bricht, wenn er sich von der Nähe zu einem anderen Menschen bedroht fühlt. In der gleichen Situation wird der Theatralische viele Gefühle aufbauschen, um sich dahinter zu verstecken.

Stichwort: Zündstoff

U/U – Zwei Umgarnende

Meist verläuft die Begegnung nett und oberflächlich. Keiner der beiden möchte Verantwortung übernehmen. Sie werden sich nicht zu nahe treten, da ein gewisses Misstrauen immer bestehen bleibt. Beide können sich jedoch für ein lukratives Geschäftemachen zusammentun, um ihre Bedürfnisse zu befriedigen.

Falls sie ihr Spiegelbild im anderen wahrnehmen, könnten sie prüfen, ob ihre Verhaltensweise wirklich zur Befriedigung ihrer wahren Bedürfnisse führt.

Stichwort: Verantwortung

U/A – Der Umgarnende und der Ausharrende

Der Ausharrende wird sich häufig von der liebenswürdigen und leichten Art des Umgarnenden angezogen fühlen. Der Umgarnende genießt möglicherweise das beständige und gebende Verhalten des Ausharrenden.

Wenn dieser mehr Nähe will, wird der Umgarnende elegant ausweichen und ihm etwas vorspielen. Der Ausharrende rea-

giert daraufhin noch unterwürfiger und tut noch mehr für den Umgarnenden.
Stichwort: benutzt werden

U/M – Der Umgarnende und der Macher

Der Macher versucht, sein Ziel gradlinig und durch Leistung zu erreichen. Der Umgarnende schlägt eine leichtere Gangart ein und nimmt das Leben mehr von der spielerischen Seite. Beide können sich im Beruflichen gut ergänzen, zum Beispiel wenn der Macher an der Basis arbeitet und der Umgarnende in der Vertretung nach außen. Schwierigkeiten sind allerdings programmiert, da der Umgarnende nicht immer zuverlässig ist.
Generell können sich Umgarnender und Macher auf einer oberflächlichen Ebene gut verstehen, da sie beide nur bedingt Nähe wollen. Doch sie können voneinander lernen: der Macher, dass das Leben nicht nur aus Leistung bestehen muss, der Umgarnende, dass er auch mit einer gewissen Gradlinigkeit sein Ziel erreichen kann.
Stichwort: Oberflächlichkeit

U/T – Der Umgarnende und der Theatralische

Beide lieben das leichte Leben und sind Meister darin, andere Menschen für sich einzunehmen, besonders das andere Geschlecht. Sie können zwar beide keine echte Nähe zulassen, aber sobald der Theatralische spürt, dass der Umgarnende sich einer anderen Person zuwendet, klammert er, und ein Eifersuchtsdrama folgt auf das andere. Der Umgarnende wird dann versuchen, sich geschickt aus der Affäre zu ziehen. Auf einer oberflächlichen Ebene können beide allerdings viel Spaß miteinander haben.
Stichwort: Leichtes Leben

A/A – Zwei Ausharrende

Wenn sie sich nur von weitem sehen, gehen sie sich meist schon aus dem Weg. Der Ausharrende kann sich selbst nicht leiden, und so vermeidet er den Kontakt mit einem anderen, der ihm ähnlich ist. Treffen zwei Ausharrende dennoch aufeinander, ist die Gefahr sehr groß, dass sich in ihrem Leben gar nichts mehr bewegt: Sie hemmen sich meist gegenseitig. Wenn sie aber wachgerüttelt und sich dieser Blockierung bewusst werden, können sie ihr Verhalten ändern und zur gegenseitigen Akzeptanz gelangen.
Stichwort: Hemmung

A/M – Der Ausharrende und der Macher

Bei einem Aufeinandertreffen wird der Ausharrende meist den Macher für sein Äußeres und seine Dynamik bewundern. Der Macher wird dem Ausharrenden eher ausweichen, da er spürt, dass dieser viel Nähe möchte. Gibt es dennoch eine Annäherung, wird der Ausharrende den Macher schnell langweilen. Jede intensivere Begegnung führt zu Konflikten, und beide verfallen in ihre Abwehrstrategien: Der Ausharrende unterwirft sich immer mehr, und der Macher distanziert sich. Sind sie jedoch bereit, ihr Verhalten zu erkennen und aufzulösen, kann der Macher lernen, dass er nur dann wirklich frei ist, wenn er Nähe zulassen kann. Der Ausharrende kann wiederum in dieser Situation begreifen, dass echte Nähe nur in Freiheit erreichbar ist.
Stichwort: Nähe

A/T – Der Ausharrende und der Theatralische

Oft bewundert der Ausharrende den Theatralischen für seine Lebendigkeit und seine Fähigkeit, die eigene Persönlichkeit zum Ausdruck zu bringen. Der Theatralische genießt es jedes

Mal, wenn er einen aufmerksamen Bewunderer gefunden hat. Doch es besteht die Gefahr, dass er bald das Interesse an ihm verliert.
Falls beide einmal mehr miteinander zu tun haben, kann es sein, dass sie sich gegenseitig demütigen. Der Ausharrende unterwirft sich immer mehr, um den Theatralischen nicht zu verlieren. Der Theatralische kann nicht loslassen und möchte, dass der Ausharrende Reaktionen zeigt. Gegen die Sturheit des Ausharrenden kommt er meist nicht an und reibt sich regelrecht auf. Es kann so weit kommen, dass der Theatralische sich durch seine eigenen Szenen selbst demütigt.
Wenn beide ihre Muster durchbrechen, kann der Ausharrende von der Lebendigkeit und der Ausdrucksfähigkeit des Theatralischen inspiriert werden. Andererseits kann dieser von der großen Bereitschaft des Ausharrenden, Nähe zuzulassen und zu geben, lernen.
Stichwort: Demütigung

M/M – Zwei Macher

Beide haben viel Energie und müssen fortwährend etwas tun. Sie rivalisieren schnell miteinander, da jeder der Beste sein möchte. Will der eine Aufmerksamkeit und Nähe, hat der andere gerade etwas Wichtigeres zu erledigen – und andersherum. Dies führt immer wieder zu Auseinandersetzungen.
Am besten funktioniert der Umgang miteinander, wenn sie sich nur begrenzt sehen. Es kann auch sein, dass das Verhältnis in Oberflächlichkeiten hängen bleibt. Sobald sie ihr eigenes Muster im anderen erkennen und die Sinnlosigkeit ihres rastlosen Tuns begreifen, werden beide Nähe zulassen können. Löst sich das Konkurrenzdenken auf, können sie gemeinsam große Ziele erreichen.
Stichwort: rastloses Tun

M/T – Der Macher und der Theatralische

Diese Menschen sind ständig in Aktion: der Macher, um zu beweisen, was er alles kann und schafft, und der Theatralische muss ständig etwas inszenieren, um Aufmerksamkeit und Bewunderung zu erlangen. Streit ist programmiert, da der Macher meist mit seiner Arbeit beschäftigt und für den Theatralischen nicht richtig zu greifen ist. Der Theatralische fühlt sich vernachlässigt und inszeniert ein Drama. Es kann sein, dass der Macher, der diese Dramen schon kennt, gar nicht darauf reagiert und noch mehr arbeitet. Der Theatralische wird versuchen, alle Register zu ziehen, bis hin zu Aktionen, die den anderen eifersüchtig machen sollen. Dies dauert so lange, bis der Macher schließlich explodiert.

Wenn beide bereit sind, sich im anderen zu erkennen, werden sie feststellen, dass sie sich nicht authentisch verhalten. Der Macher definiert sich nur über seine Arbeit und zeigt seine wahren Gefühle nicht – ähnlich wie der Theatralische, der seine Gefühle hinter seinen Dramen versteckt.

Stichwort: Authentizität

T/T – Zwei Theatralische

Jeder von ihnen möchte im Mittelpunkt stehen und Aufmerksamkeit auf sich ziehen. Zwei mit dem gleichen Bedürfnis an einem Ort sind jedoch zu viel – denn beide wollen Bewunderung und Nähe, sind aber nicht bereit, diese dem anderen zu geben. Konflikte sind unausweichlich. Es entsteht ein Kampf, bei dem ein Drama dem anderen folgt.

Wenn sie aber im anderen ihr Spiegelbild erkennen und ihr Muster auflösen, erfahren sie ihre eigentlichen Gefühle. Sie sind dann fähig, loszulassen und Nähe zu erlauben.

Stichwort: Drama

Sich von alten Verhaltensmustern befreien

Wenn man sich mit den Mustern (Typen) beschäftigt hat, kann es sein, dass man das Bedürfnis entwickelt, sich von Automatismen zu befreien. Will man wieder verstärkt bei sich ankommen und beginnen, seine Muster aufzulösen, können die folgenden Anregungen helfen. Die Auflösung eines Musters läuft meist als Prozess ab, wobei es mehrere Möglichkeiten gibt, womit dieser Prozess beginnt:

Eine Möglichkeit ist das Gewahrwerden eines Sich-unwohl-Fühlens in bestimmten Situationen. Diese Wahrnehmung kann sich psychisch auf das Gemüt und/oder physisch auf den Körper beziehen. Dann folgt das Wahrnehmen der eigenen Reaktionen und des daraus resultierenden Verhaltens, die diesen Zustand hervorrufen. Der nächste Schritt ist das Erkennen und das bewusste Zulassen der Gefühle, die zur Entstehung dieses Musters geführt haben.

Der Prozess der Musterauflösung kann jedoch auch mit dem erneuten Durchleben der ursächlichen Gefühle beginnen, und erst danach wird das Reaktionsmuster erkannt. Das Wiedererleben alter Gefühle, die meist aus der Kindheit stammen, und ihr Loslassen ermöglichen es, dass diese Gefühle, die damit verbundenen Erlebnisse und der daraus entstandene Automatismus spezifischer Verhaltensweisen sich langsam aus den Zellen der entsprechenden Körperteile und aus dem Energiesystem entfernen. Das Muster löst sich auf.

Die eigenen Muster vollständig aufzulösen ist ein langwieriger und schwieriger Prozess, der nur mit der Bereitschaft zu einer tiefgreifenden Wandlung des Selbstbildes möglich ist. In diesem Buch wird durch die Darstellung der Typen und deren Abwehrstrategien mit dem Erkennen der Muster begonnen. Es soll dazu anregen, mit den eigenen Verhaltensweisen bewusst umzugehen. Seine Abwehrstrategien zu kennen bedeutet bereits einen großen Schritt in der eigenen Weiterentwicklung. Außerdem macht es das Leben auf Dauer leichter, wenn man sich selbst und den anderen klarer sieht. Natürlich kann man diesen Weg auch noch einige Schritte weiter gehen und die Muster auflösen. Jede Übung in diesem Buch kann dabei von Nutzen sein.

Darüber hinaus können hierbei körperzentrierte Psychotherapien wie zum Beispiel Bioenergetik, Hakomi, Gestalttherapie, Atemtherapie zusätzliche Hilfe bringen. Zu empfehlen ist auch die Systemische Familientherapie (»Familienaufstellung«), die Aufschluss über energetische Familienbande gibt und Veränderungen innerhalb des Familiengefüges herbeiführen kann. Die Reinkarnationstherapie ist ebenfalls sehr hilfreich beim Aufspüren und Lösen von Mustern, da sie Traumata aus der Kindheit, der vorgeburtlichen Zeit und aus noch früheren Zeiten heilen kann. Tai Chi, Qi Gong, Yoga oder Aikido schulen das Körperbewusstsein, zentrieren und regulieren den Energiefluss. Unterstützend ist Energiearbeit von Heilern, bei der die Aura und die Chakren gereinigt werden und das Energiesystem wieder in Fluss kommt. Massage kann die Entspannung steigern, und Tiefenmassage ist in der Lage, Gefühle ans Tageslicht zu bringen.

Generell ist zu sagen, dass es oft weniger auf die Therapieform ankommt als vielmehr darauf, dass man sich mit dem Therapeuten versteht, ihm vertraut und sich ihm gegenüber öffnen kann. Genauso wichtig ist es natürlich, dass der Therapeut sein Handwerk versteht.

Für alle Menschen jeglichen Charaktertyps, die bei sich etwas verändern möchten, trifft grundsätzlich das Gleiche zu: dass sie dabei gut mit sich umgehen. Sie sollten mit sich achtsam sein, sich genügend Raum und Zeit geben und einfach geduldig mit sich selbst sein. Im Folgenden werden für die einzelnen Menschentypen, die blockierende Muster auflösen wollen, der spezifische Weg und das Ziel, das heißt der von blockierenden Mustern befreite Zustand, skizziert.

Der Flüchtende

Für den flüchtenden Typ ist es sehr wichtig, den Kontakt zum Boden herzustellen und hier und jetzt im Alltag Sicherheit zu gewinnen, ein Gefühl für seinen Körper zu entwickeln und ihm zu vertrauen. Beim flüchtenden Typ geht es um das Verbinden – mit sich selbst, das heißt mit seinen verschiedenen Wesensanteilen, mit anderen Menschen und mit der Erde an sich. Mit der spirituellen Welt ist er meist verbunden, allerdings nur, wenn er sich auf diese Ebene begibt. So kann es für ihn hilfreich sein, seine spirituellen Einsichten in die materielle Welt zu bringen, zum Beispiel durch kreativen Ausdruck wie Schreiben, Malen und/oder durch Erfindungen. Auch das Helfen kann dazu beitragen, dass er sich mehr auf der Erde verwurzelt und ein Gefühl für sich selbst bekommt.
Es ist wichtig für ihn, sich seiner Angst und Wut zu stellen, da diese ihn von Teilen seines Wesens trennen. Wenn es ihm gelingt, seine Wesensanteile mehr zu integrieren, lösen sich die Angst und Wut, die ihn blockieren, auf, und er kann seine Kraft zum Ausdruck bringen. Er wird sich selbst vertrauen und die Nähe zu anderen zulassen.
Sobald der Flüchtende seine alten Muster überwunden hat, ist er aufgrund seiner Spiritualität und seiner Fähigkeit, größere Zusammenhänge wahrzunehmen, in der Lage, anderen geistige Wirklichkeiten nahe zu bringen und sein tiefes Gespür für den Sinn des Lebens zu vermitteln. Sein großer schöpferischer Reichtum kommt dann voll zum Ausdruck.

Der Bedürftige

Hinter seiner Hilflosigkeit verbirgt dieser Mensch eine ohnmächtige Wut, nicht genügend versorgt worden zu sein, und es ist für ihn wichtig, diese Wut zu spüren und auszudrücken sowie seine Opferrolle zu erkennen. Dann kann er beginnen, das zu würdigen, was ihm gegeben wird. Er sollte lernen, dem eigenen Reichtum und dem der Erde zu vertrauen. Für ihn ist es wichtig, weder seiner inneren Leere auszuweichen noch bei anderen nach Inhalten zu suchen. Vielmehr hat er die Aufgabe, sich dieser Leere zu stellen und tief in ihr die eigene Lebendigkeit zu finden. Der nächste Schritt zur Musterauflösung führt über das Erkennen, dass ihm keine Liebe entzogen wird, wenn er eigenständig und stark ist.

Dann beginnt der Bedürftige, sich zu lieben und zu vertrauen; er blüht auf, und sein wahres Potenzial zeigt sich immer mehr. Er kann plötzlich nehmen und geben. Seine Feinfühligkeit wird zur Stärke, und seine Toleranz kommt immer mehr zum Vorschein. Seine Intelligenz kann er dann verstärkt in schöpferische, künstlerische oder wissenschaftliche Tätigkeiten einbringen.

Der Selbstgenügsame

Für den Selbstgenügsamen ist es wichtig, seine Bedürftigkeit zu erkennen und zuzulassen. Dazu ist es wie beim Menschentyp des Bedürftigen notwendig, dass man die Wut, nicht genügend versorgt worden zu sein, spürt und zulässt. Gut wäre, sich ein Herz zu fassen und sich anderen »zuzumuten«, ohne die Angst zu haben, sich dabei zu verlieren. Wenn der Selbstgenügsame darauf zu vertrauen beginnt, dass seine Bedürfnisse von der Welt, in der er lebt, auch erfüllt werden, löst sich sein Muster langsam auf.

Wenn er sich liebt und vertraut und nicht mehr ständig Bestätigung für seine Unabhängigkeit suchen muss, entsteht zwischen seinem Geben und seinem Nehmen ein Ausgleich. Er fühlt sich sicher und kann seine Fähigkeiten mit denen anderer austauschen. Seine Kraft vermag er dann verstärkt in andere Bereiche einfließen zu lassen, zum Beispiel in seine Kreativität.

Der Dominante

Dieser Mensch sollte erkennen, dass es bei ihm keineswegs darum geht, noch mehr Fähigkeiten und Stärken zu entwickeln, sondern damit aufzuhören, seine Gaben für die Durchsetzung seines Machtanspruchs zu missbrauchen. Hinter jeder Macht, die nicht als reine Kraft verstanden wird, liegt die Ohnmacht.

Wie wir schon wissen, ist die Erde für den Dominanten ein Kampfplatz, da er überall eine Bedrohung vermutet. Sobald er sich mit seinen Mustern beschäftigt, wird es ihm gelingen, den Kampf aufzugeben, und erkennen, dass in seiner Schwäche seine wahre Stärke liegt. Für ihn ist die Erfahrung wichtig, dass Nähe zu einem Menschen nicht gleich heißt, abhängig und schwach zu sein. Alle Lasten, die man sich aufgebürdet hat, können nun wieder von den Schultern genommen werden. Dazu gehört auch, die Unvollkommenheit der anderen sowie die eigene Unvollkommenheit anzunehmen und sich einfach einmal einen Fehler zu erlauben.

Der Dominante löst sein Muster auf, wenn er seine Wut darüber, getäuscht worden zu sein, annehmen kann und es zulässt, seine dahinter liegende Traurigkeit und Hilflosigkeit zu spüren. Falls er auf diesem Weg weitergeht, ist er in der Lage, seine wahren Bedürfnisse mitzuteilen, zu bitten und dankbar zu sein. Er wird seine Kraft und Dynamik nun in die Gesellschaft einbringen, ohne dass dies aus der Angst vor Unterlegenheit heraus geschieht und ohne andere von sich abhängig zu machen. Sein Bedürfnis nach Wahrheit und Ehrlichkeit tritt immer mehr zutage. Er beginnt dafür zu kämpfen, dass diese Werte ihren Platz bekommen. Es gelingt ihm dann hervorragend, Konflikte zu lösen. Sein Verstand, seine Kraft und sein Kommunikationstalent befähigen ihn, schwierige Projekte auszuführen.

Der Umgarnende

Wie beim Dominanten geht es für den Umgarnenden darum zu lernen, sein eigentliches Bedürfnis nach Nähe nicht als Bedrohung zu empfinden. Er sollte seine Fähigkeiten nicht weiter für Manipulationen missbrauchen und für sein Tun Verantwortung übernehmen. Das Muster löst sich auf, wenn er seine Wut darüber, dass seine Gefühle benutzt worden sind, annehmen kann und seinen Schmerz zulässt.

Im Zuge seiner Befreiung von alten Abwehrstrategien lernt er, seine wahren Bedürfnisse mitzuteilen und dankbar zu sein. Ähnlich wie beim Dominanten kann er dann seine Kraft und Dynamik in die Gesellschaft einbringen, ohne manipulieren zu müssen. Wahrheit und Ehrlichkeit werden ihm immer wichtiger. Er kann in einer hervorragenden Art und Weise Menschen für eine gute Sache begeistern. Auch kann er mit seinem diplomatischen Geschick ausgezeichnet Konflikte lösen.

Der Ausharrende

Der Ausharrende vermag sein Muster dadurch aufzulösen, indem er sein inneres Nein erkennt und akzeptiert. Am schwersten wird ihm der nächste Schritt fallen: das Nein ausdrücken. Um diesen Impuls zuzulassen, muss er seine Energie in Bewegung bringen. Meist geschieht dies durch ein Herausplatzen

seiner aufgestauten Gefühle. Wut, Ekel, Hass können zum Vorschein kommen. Für diesen Prozess braucht er viel Zeit und Raum, damit er erfahren kann, dass es vollkommen in Ordnung ist, seine Aggressionen zu zeigen.
Da in seiner Kindheit der Entwicklungsschritt, die Welt mit seinen Augen zu entdecken, unterbrochen wurde, sollte er mutig sein und jetzt erneut damit anfangen. Es ist wichtig, sein Wesen wieder zu entdecken, da durch das permanente Verbarrikadieren auch die Verbindung zu seinen eigenen Gedanken und Gefühlen gelitten hat. Der Bezug zu ihnen ging verloren. Hilfreich ist, sich klarzumachen, dass jetzt er derjenige ist, der die Rolle der Eltern für sich weiterführt, indem er immer wieder Situationen schafft, in denen er sich gedemütigt und kontrolliert fühlt.
Achtung ist ein Schlüsselwort auf dem Weg aus seinem Muster, insbesondere die Selbstachtung und auch die Achtung für den anderen. Wenn sich sein Muster damit langsam auflöst, wird er sich immer freier fühlen, und seine Lebendigkeit tritt immer mehr zutage. Er entwickelt einen trockenen Humor und scharfsinnigen Witz, und er kann auch über sich selbst lachen. Sein großes Herz und seine Fähigkeiten als Vermittler zeigen sich immer mehr. Je stärker sich sein Wesen ausdrückt, desto mehr kommt auch seine oft erstaunliche Kreativität zum Vorschein.

Der Macher

Ein Mensch dieses Typs hat viele positive Eigenschaften: Die Dinge, die er anpackt, gelingen; er besitzt viel Kraft, ist unternehmungslustig, kompetent, schnell und verantwortungsbewusst. Solange er jedoch in seinem Muster feststeckt, benutzt er diese Fähigkeiten nicht, um seine wahren Bedürfnisse zu verwirklichen. Diese kennt er gar nicht, oder er weist sie

zurück, wie es in seiner Kindheit sein Vater mit ihm gemacht hat. Vielmehr missbraucht er diese Fähigkeiten, um seinen Gefühlen aus dem Weg zu gehen und einem stark leistungsbezogenen Lebensideal hinterherzulaufen.
Um sein Muster zu durchbrechen, sollte er sich Zeit nehmen und seinen Gefühlen Raum geben. Es ist wichtig, dass er sie wahrnimmt und auch anderen mitteilt. Genauso wie seine körperliche und gedankliche Ebene im Fluss ist, soll schließlich auch seine emotionale Ebene mehr ins Fließen kommen und farbiger werden.
Das Schlüsselwort ist Loslassen. Falls er es schafft, Dinge einmal auch nur geschehen zu lassen, kommt er sich bereits einen großen Schritt näher. Wenn er sich dann immer mehr entspannt und die Stille zulässt, so wird sich sein Muster langsam auflösen, und er wird sein eigentliches Wesen wahrnehmen.
Er wird dann überrascht sein, wie viel Liebe, Leidenschaft und Abenteuerlust zum Vorschein kommen. Er wird sich leicht und spielerisch in der Welt bewegen, ohne den übermäßigen Leistungsdruck im Nacken. Seine natürlichen Führungsqualitäten kommen zum Vorschein, und er wird andere inspirieren und begeistern.

Der Theatralische

Solange er in seinen Mustern verstrickt ist, muss der Theatralische ständig neue Probleme schaffen, um seine wahren Gefühle zu verbergen. Der Theatralische inszeniert zu diesem Zweck eine Folge von Dramen. Ein erster Schritt wäre für ihn, sich Zeit zu nehmen und zur Ruhe zu kommen. Es ist wichtig, dass er seine Angst, den Kontakt zu anderen Menschen zu verlieren, wahrnimmt und sich klar macht, dass er deshalb den Drang hat, unablässig Aufmerksamkeit auf sich zu ziehen.

Sobald es ihm gelingt, loszulassen und Dinge einfach nur geschehen zu lassen, wird sich sein Muster langsam auflösen. Seine Dramen werden nicht mehr sein Leben belasten; sie werden überflüssig. Stattdessen können seine Lebendigkeit und Attraktivität »ungeschminkt« zum Ausdruck kommen. Sein Wunsch nach Nähe wird sich in einer Partnerschaft oder in der eigenen Familie erfüllen. Seine künstlerischen Fähigkeiten, die vorzugsweise im Gebiet der darstellenden Kunst liegen, bekommen eine neue Tiefe.

Den Weg des Herzens gehen und Trennung überwinden

Alle bisher gezeigten Wege zum Erkennen der Muster, ihrer Hintergründe und des Auflösens der mit ihnen verbundenen Blockierungen waren im Wesentlichen jeweils auf den einzelnen Muster-Typ bezogen. Unabhängig davon existiert jedoch eine helfende Instanz, die übergreifend ist, da alle menschlichen Wesen an ihr teilhaben. An sie kann man sich immer wenden – selbst wenn das Wissen zum Beispiel über psychologische Zusammenhänge nicht groß ist oder die Ursache eines Problems nicht geklärt werden konnte. Es ist die Instanz des Herzens. Es kommt nur darauf an, bereit zu sein, das Herz wirken zu lassen.
Das Herz ist der Ort in uns, wo der Kontakt zu unserem eigentlichen Sein hergestellt wird. Er bewirkt erst die umfassende, wahre Transformation. Durch die Öffnung des Herzens haben wir Zugang zu den unterstützenden Eigenschaften unseres Wesenskerns, unter anderem Mitgefühl, Versöhnungsbereit-

schaft, Hingabe, Demut, Großzügigkeit, Toleranz, Vertrauen. Alle diese Eigenschaften sind Facetten der bedingungslosen Liebe. Wiederum ist die Bereitschaft der Schlüssel. Die Bereitschaft öffnet das Herz, um zum Beispiel verzeihen und loslassen zu können.

Der Weg des Herzens ist ein sehr direkter Weg der Konfliktlösung. Selbst wenn man sich über den Weg des Erforschens und Analysierens an seine Probleme herangetastet hat, etwa durch das Aufdecken von Mustern, geschieht die Auflösung letztlich immer über das offene Herz. Das heißt, dass jedes Mal grundsätzlich der Herzbereich beteiligt ist, wenn Blockaden überwunden und Missverständnisse beseitigt werden.

Gleichgültig, ob es sich um eine existenzielle Krise oder nur um eine kleinere Störung, um Beziehungsschwierigkeiten oder um körperliche Blockierungen handelt, der erste Schritt zur Lösung liegt in der Bereitschaft, die missliche Lage positiv zu verändern und ihr mit offenem Herzen zu begegnen. Es ist wichtig, sich mit der jeweiligen Situation zu versöhnen und nicht in alten Überzeugungen stecken zu bleiben, die das Leben nur schwer machen und sich in Sätzen wie diesen ausdrücken: »Ich habe gar nichts mehr im Griff«, »Ich schlage mich ja wieder mit dem gleichen Problem herum«, »Warum trifft es immer mich?«, »Die anderen haben mir die Misere eingebrockt« oder »Ich verstehe überhaupt nichts«.

Solche »Problembeschreibungen« bieten viele Schlupflöcher. Sie veranlassen dazu, dem Kern der Sache auszuweichen, statt achtsam bei seinen Gedanken und Gefühlen zu bleiben und diese liebevoll anzunehmen. Durch dieses Annehmen wird Trennung überwunden.

Wenn man Problemen auf den Grund geht, wird man feststellen, dass bei den größten wie den kleinsten Konflikten anfänglich immer eine Trennung geschah. Ein einfaches Beispiel: Sie arbeiten an einem Projekt, und alles läuft gut. Plötzlich gerät die Angelegenheit ins Stocken. Bei genauerer Betrachtung fällt Ihnen eine Kleinigkeit aus der Anfangsphase auf, die zwar unangenehm war, die Sie aber nicht für wichtig gehalten und daher übergangen haben. Sie blieb für das Projekt unberücksichtigt und wurde dann irgendwann isoliert. Jetzt wächst diese Kleinigkeit Tag für Tag zu einem immer größer werdenden Problem an. Wenn das Projekt wieder ins Fließen kommen soll, wird Ihnen schließlich nichts anderes übrig bleiben, als sich um das Abgetrennte und Vernachlässigte zu kümmern und es zu integrieren.

Ähnlich ist es mit den ungeliebten Anteilen der eigenen Persönlichkeit, beispielsweise mit dem Teil, der sich minderwertig fühlt, der Angst hat, der traurig ist, der süchtig nach Alkohol, Zigaretten oder Süßigkeiten ist, der wütend reagiert oder der körperliche Beschwerden hervorruft. Häufig distanzieren wir uns von diesem ungeliebten Aspekt. Wir tun dann so, als ob es diesen Teil von uns nicht gäbe, und glauben, uns dadurch wieder sicher fühlen zu können. Doch dies ist ein Trugschluss, da dieser Teil nach wie vor zu uns gehört.

Bei der Betrachtung der Charaktertypen wird außerdem deutlich, wie wir durch Verdrängung ein bestimmtes Bild von uns aufbauen und die ungeliebten, meist verletzten Anteile dahinter verstecken – vor den anderen und auch vor uns selbst. Unser Ego tut dann viel dafür, um dieses Bild von uns zu erhalten, und gaukelt uns vor, dass wir dadurch sicher seien. So arbeitet es ständig an der zum Selbstbild gewordenen Fassade und versucht, sie zu stärken, was sich dann in Selbsteinschätzungen und Meinungen ausdrücken kann wie: »Ich bin intelligenter als die anderen«, »Die anderen verstehen ja die größeren Zusammenhänge gar nicht«, »Ich bin doch so gut und hege keine unreinen Gedanken«, »Ich bin selbstlos, opfere mich auf, benötige nichts und gebe nur anderen«, »Mein Stolz verbietet es, nicht Recht zu haben und nachzugeben«, »Ich bin raffinierter als die anderen«, »Ich leiste viel und werde in Zukunft noch mehr leisten«, »Ich bin schöner als die andere« und so weiter. Das Ego möchte sich abtrennen, sich abheben von den anderen, als besser und einzigartig dastehen – daher verstecken wir die »negativen« Eigenschaften. Es entsteht ein idealisiertes Selbstbild, doch es fehlt dabei an Substanz und Tiefe.

Insgesamt veranlasst unser Ego uns häufig zu Aktionen, die den Bestand unseres Selbstbildes mit den dazugehörenden Mustern zu stärken scheinen und wodurch wir den Eindruck gewinnen, dies alles diene unserem Selbstbewusstsein und unserer Sicherheit. Tatsächlich führt es uns jedoch weg von der Einheit mit anderen sowie von unserem eigenen innersten Wesen. Dieser Mangel an Verbundenheit erzeugt unterschwellig wiederum ein Gefühl der Angst. So schließt sich ein Kraft raubender Kreislauf, bei dem das Ego stets beschäftigt bleibt.

Manche Menschen erleiden Schicksalsschläge oder erkranken schwer und werden auf diese Weise gezwungen, Kreisläufe zu unterbrechen und ihr Leben zu überdenken. Manche begeben sich nun auf die Suche nach sich selbst und ihren wahren Bedürfnissen, von denen sie sich irgendwann einmal gefühlsmäßig abgetrennt haben. Doch abgesehen von solchen aufrüttelnden Erlebnissen kann jeder sich in jedem Augenblick für sein wahres Selbst entscheiden. Der direkte Weg dorthin ist der des Herzens.

Es ist ganz einfach: Liebe heilt Trennung. Liebe verbindet uns mit uns selbst, mit anderen Menschen, mit unserer Heimat, mit der Erde, mit unserem höchsten Gut. Wir sollten versuchen, unsere ungeliebten, meist auch als schmerzvoll empfundenen Anteile liebevoll anzunehmen. Sehr wahrscheinlich werden wir dann erleben, wie durch die Integration dieser abgetrennten, blockierenden Teile plötzlich ein Kraftstrom in uns entsteht und wir uns ausgeglichener und stärker fühlen.

Eine Übung, um Trennung zu heilen

Ein abgetrennter emotionaler Anteil kann sich durch Gefühle wie zum Beispiel Angst, Ärger, Unsicherheit und Deprimiertsein melden. Er kann sich aber auch durch ein körperliches Unwohlsein bis hin zu konkreten Schmerzen äußern. Falls die Trennung für Sie über den Körper spürbar wird, können Sie wie folgt vorgehen:

- Legen Sie sich auf den Rücken, oder nehmen Sie eine bequeme Haltung ein. Atmen Sie ein paar Mal bewusst ein und aus, bis Sie sich immer mehr entspannen.
- Gehen Sie nun mit Ihrem Bewusstsein, das meist im Nacken-Schulter-Bereich zu finden ist, langsam mit jedem Atemzug auf die körperliche Blockade zu.
- Wenn Sie das Gefühl haben, an der betroffenen Stelle angekommen zu sein, versuchen Sie wahrzunehmen, was Ihnen die Blockierung mitteilen will. Öffnen Sie sich mit Ihren Sinnen: Was spüren Sie? Vielleicht können Sie auch etwas sehen, hören oder sogar riechen und schmecken. Welches Gefühl vermittelt Ihnen diese Körperstelle? Fragen Sie, was sie Ihnen mitteilen will.
- Selbst wenn Sie keinen Zugang zu Ihrer körperlichen Blockierung bekommen haben, gehen Sie nach einer Weile trotzdem einen Schritt weiter, und versuchen Sie nun, diese Blockierung liebevoll anzunehmen (beziehungsweise die

Ursache der Blockierung mit den damit verbundenen Gefühlen). Es hilft, sich vorzustellen, dies wie bei einem kleinen Kind zu tun: Sprechen Sie mit dem schmerzenden Teil. Vermitteln Sie ihm, dass er da sein darf. Fragen Sie ihn, was er braucht. Vielleicht umarmen Sie ihn auch in Ihrer Vorstellung.
- Mit den rein gefühlsmäßigen Problemen verfahren Sie auf ähnliche Weise: Nehmen Sie die Gefühle liebevoll an, indem Sie ihnen vermitteln, dass sie da sein dürfen. Sprechen Sie mit Ihren Gefühlen: Was will zum Beispiel der Ärger in Ihnen sagen? Was brauchen Ihre Gefühle (der Ärger)?

Vielleicht werden Sie bei der Übung im ersten Moment die körperliche Blockierung intensiver wahrnehmen, zum Beispiel werden Schmerzen mitunter stärker. Sie nehmen möglicherweise Ihre Gefühle stärker wahr, oder Sie entdecken darunter ein noch ursprünglicheres Empfinden.
Sie werden nach und nach erfahren, dass dieses liebevolle Annehmen der Situation und der mit ihr verbundenen Gefühle das Problem leichter macht. Möglicherweise löst sich das Problem von selbst auf. Oder Sie gewinnen einen neuen Standpunkt und erkennen nun Lösungswege.

Das Herz öffnen

Trennung ist ein fundamentales Problem unseres Seins. Ob auf körperlicher, psychischer, mentaler oder spiritueller Ebene oder zwischen diesen Ebenen – die Wurzel unserer Probleme und Konflikte besteht fast immer darin, dass wir etwas abtrennen, wegschließen oder ignorieren wollen. Auf der vierten Ebene der Aura, der Herzebene, kann der Mensch jedoch mit allem gefühlsmäßig in Verbindung treten, was auf der Welt existiert. Dieses Verbundensein kann sich in Gefühlen von Zuneigung, aber auch von Abneigung ausdrücken. Wenn sich aber das Herz (genauer gesagt das Herz-Chakra) mehr und mehr öffnet und man dadurch Zugang zum eigenen Wesenskern bekommt, wird sich auch jede Ablehnung, zum Beispiel Eifersucht oder sogar Hass, in Verstehen und Liebe umwandeln.

Liebe heilt Trennung. Durch das liebevolle Annehmen zum Beispiel der Hassgefühle kommen wir wieder mit unserem ursprünglichen Schmerz in Verbindung. Wenn wir diesem mit Liebe – durch Verzeihen und Mitgefühl – begegnen, löst sich der Hass auf.

Die ehrliche Bereitschaft zählt, und plötzlich kann dann auch Hilfe von außen kommen, etwa durch die Begegnung mit einem Menschen, mit einem Tier oder mit der Natur, und unser Herz vermag sich dadurch wieder zu öffnen. Gleichzeitig bekommen wir wieder mehr Verbindung zu uns selbst. Es ist wichtig, das Herz für uns selbst zu öffnen, erst dann ist es möglich, es auch wirklich für andere zu tun.

Übung zur Stärkung der Eigenliebe

Geben Sie sich selbst eine ehrliche Antwort auf folgende Fragen:

- Wie oft gehe ich über meine Gefühle hinweg und zeige kein Mitgefühl mit mir selbst?
- Wie oft weise ich mir Schuld zu und bin nicht bereit, mir zu verzeihen?
- Wann lehne ich mich ab und verhindere die Annahme mei-

ner selbst? Wann halte ich fest bis zur Schmerzgrenze, statt loszulassen?

- Wie groß ist meine Toleranz, wenn ich Fehler mache?
- Wann misstraue ich mir, statt mir (Selbst-)Vertrauen entgegenzubringen?
- Wie viel Wärme kann ich für mich empfinden, oder halte ich meist eine kühle Distanz zu mir aufrecht?

Sie können Ihre Antworten und Gedanken zu diesen Fragen auch schriftlich notieren, um Ihren Klärungsprozess zu unterstützen.

Mitgefühl statt Mitleid zeigen

Versuchen Sie es einmal: Nehmen Sie unangenehme Gefühle, die Sie sonst immer wegdrängen wollen, einfach mitfühlend an. Verwechseln Sie dabei jedoch nicht Mitgefühl mit Mitleid. Mitleid entsteht im Gefühlsbereich des Bauches und könnte Sie regelrecht in Selbstmitleid zerfließen lassen. Mitgefühl hingegen entwickelt sich im Herzbereich und ist ein Ausdruck von Liebe. Wenn Sie einem anderen Menschen gegenüber Mitgefühl empfinden, werden Sie nicht mit ihm mitleiden, sondern an seiner Situation Anteil nehmen. Sie verstricken sich nicht mit Ihrem eigenen Leid darin.
Erinnern Sie sich an eine Situation, in der Sie Mitgefühl verspürt haben, und übertragen Sie nun dieses Mitgefühl auf sich selbst. Sie werden spüren, dass Sie berührt sind und dass Sie ruhiger werden. Sie bemerken vielleicht, dass etwas Belastendes abgefallen ist und Sie sich leichter fühlen. Es kann auch sein, dass Sie Ihr Problem mit neuen Augen betrachten oder plötzlich einen Lösungsweg wissen. Vielleicht

zeigt sich auch hinter der Blockade die eigentliche Ursache des Konflikts.
Es gibt viele Möglichkeiten, wie Sie die Begegnung mit Ihrem Mitgefühl erleben. Sicher ist, dass Mitgefühl wie eine liebevolle Berührung wirkt – und Berührungen können heilende Wirkung besitzen. Dazu ein Beispiel:
Vor einigen Jahren wollte ich ausspannen und nichts mehr von Krankheiten und Problemen hören. Mein Urlaubsziel war eine Insel im Mittelmeer. Dort besuchte ich eines Abends mit Bekannten ein beliebtes Speiselokal. Ich freute mich schon sehr auf ein gutes Essen und eine amüsante Unterhaltung.
Das Restaurant war sehr voll, und wir setzten uns zu einem einzelnen Gast. Es dauerte nicht lange, und wir kamen mit dem Mann ins Gespräch. Er erzählte, dass er Künstler sei und schon seit vielen Jahren auf der Insel lebe. Nachdem er hörte, dass ich Heilpraktikerin bin, zeigte er mir einen seiner Handrücken. Ich konnte ein hässliches Geschwür erkennen, das wie eine zum Teil offene Wunde aussah. Und das soll nun ein vergnüglicher Abend werden, dachte ich voller Ärger.
Der Mann schaute mich mit einem verzweifelten Blick an und fragte, was er tun könne. Es sei ein Krebsgeschwür, und er habe starke Schmerzen.
Ich wusste nicht so recht, wie ich auf ihn reagieren sollte, da er die Diagnose bereits kannte, ich kein Wundermittel wusste und er auch keine Möglichkeit einer kontinuierlichen Behandlung sah. Dazu hätte er die Insel verlassen müssen. Zu allem Überfluss konnten wir uns nicht gut verständigen, da ich seine Muttersprache nur bedingt beherrschte. Ich war immer noch ärgerlich, dass mein Abend nicht so verlief, wie ich es mir vorgestellt hatte.
Wahrscheinlich war es unser beider Hilflosigkeit – ich in meiner Wut und er in seinem Schmerz –, die mich instinktiv be-

wog, seine Hand zu nehmen und mit meinen beiden Händen zu umfassen. Er schaute mich ganz irritiert an, sagte aber kein Wort mehr. Ich spürte, wie meine Wut nachließ, je mehr ich wirklich in Kontakt mit diesem Mann trat. So saßen wir eine Weile. Danach kehrten wir wieder zu einer ganz allgemeinen Unterhaltung zurück.

Mehrere Tage später traf ich ihn zufällig in demselben Lokal wieder. Er kam ganz verlegen an unseren Tisch und bedankte sich bei mir. Die Wunde sehe besser aus, und er habe seit diesem Abend keine Schmerzen mehr.

Ich weiß nicht, was aus diesem Mann geworden ist und wie lange diese Schmerzfreiheit angehalten hat. Es war keine Wunderheilung geschehen. Das einzige »Wunder« bestand darin, dass er durch die Berührung wieder Kontakt zu sich selbst und insbesondere zu seiner kranken Hand bekommen hatte. Vielleicht empfand er das Geschwür bei der Berührung durch meine Hände gar nicht mehr als so schmerzhaft, hässlich und Furcht erregend. Er hatte möglicherweise seine ablehnende Haltung aufgeben können und wie ich in diesem Geschwür die Hilflosigkeit, die Liebe und das Bedürfnis nach Angenommensein gespürt.

Zunächst war ich davon ausgegangen, dass meine Aktion sowieso nicht viel bringen würde – und wurde dann eines Besseren belehrt. Auch wurde mir vor Augen geführt, wie stark ich mich durch meine Vorstellungen blockiert, mich dadurch sehr unwohl gefühlt und mir die Möglichkeit der Hingabe in den Augenblick genommen hatte. Während ich dann aber diese kranke Hand hielt, darüber mit dem Mann in Kontakt kam und ein Gefühl des Verstehens und der Liebe entstand, lösten sich auch meine begrenzenden Vorstellungen auf.

Beschäftigen Sie sich zum besseren Verstehen des Herzensweges mit folgenden Fragen:

- Wann habe ich von anderen Menschen Mitgefühl bekommen? Wie hat es sich angefühlt?
- Wann habe ich einem anderen Mitgefühl entgegengebracht?

Wenn Ihnen keine passenden Beispiele einfallen, können Sie versuchen, Ihr Mitgefühl in Kontakt mit dem Herzen wahrzunehmen. Legen Sie dazu einfach Ihre Hand auf Ihre Brust. Nehmen Sie sich dann Ihrer Probleme mitfühlend an:

- Falls Sie sich schuldig fühlen – verzeihen Sie sich.
- Falls Sie sich gering schätzen – nehmen Sie sich so an, wie Sie sind.
- Falls Sie sich für jeden Fehler verurteilen und glauben, keine Fehler machen zu dürfen – akzeptieren Sie Ihre »Fehler«, und verzeihen Sie sich.
- Falls Sie sich von sich selbst distanzieren – nehmen Sie sich liebevoll an.
- Spüren Sie in sich hinein, um herauszufinden, was Sie in diesem Moment brauchen, um mit Ihrem Problem fertig zu werden. Ist es Annahme, Mitgefühl, Vergebung, Loslassen? Dies alles ist in der Liebe enthalten.

Die Heilung vollzieht sich immer über den Weg des Herzens – gleichgültig, ob das Problem genau analysiert und bewusst verstanden wird oder ob es durch die Hilfe des Höheren Selbst zu einer plötzlichen Erkenntnis kommt. Entscheidend ist, dass das Problem im Herzen verstanden wird. Anders ausgedrückt: Liebe weiß, und Liebe nimmt an. Sie hat damit die Kraft, Tren-

nung in uns selbst und in Bezug auf andere aufzulösen. Liebe ist der Ausdruck von Einheit.
Die Herzebene ist auch die Verbindung zwischen der so genannten materiellen Ebene, die Körper, Gefühle und Gedanken einschließt, und der spirituellen Ebene. Sie vermag die Trennung zwischen Himmel und Erde aufzulösen.

Hilfe annehmen und Wunder zulassen

Auch wenn es langwierig und schwierig erscheinen mag, die eigenen Muster aufzulösen – es geschehen immer wieder Wunder, und sogar hartnäckige Abwehrstrategien lösen sich oft mit einem Mal schnell und leicht auf.
Diese Macht im menschlichen Geist, die Wunder bewirken kann, ist das Höhere Selbst. Das Höhere Selbst kennt unsere Lebensaufgabe; es weiß, wer wir sind und wozu wir hier auf Erden beitragen wollen. Es ist frei von Gefühlen und Gedanken und unbeeindruckt von dem, was uns auf der Erde widerfährt und Angst macht. Diese Instanz stellt die Verbindung zwischen der Erde und dem Universum, dem Göttlichen, her. Das Höhere Selbst erschafft bestimmte Ereignisse, zum Beispiel Krankheiten oder einen Schicksalsschlag, um an den eigenen Lebensplan zu erinnern. Wenn wir vertrauen und nicht mehr alles über unseren alltäglichen Verstand kontrollieren wollen, kann unser Höheres Selbst seiner Aufgabe nachkommen, Antworten zu geben, neue Wege aufzuzeigen und bei der Erfüllung unserer Lebensaufgabe zu helfen. Wenn wir in einer guten Verbindung zu unserem Höheren Selbst stehen und uns von unserer Intuition leiten lassen, wird das Leben plötzlich leichter, und wir sind zufrieden. Wir werden zwar auch wieder vor neue Probleme und Herausforderungen ge-

stellt, aber wir werden leichter mit ihnen umgehen und sie für unsere Entwicklung zu nutzen wissen.
Zum Abschluss empfehle ich Ihnen die folgende einfache Übung, die in jeder Lebenslage hilft, sich aus Verstrickungen zu lösen:

- Nehmen Sie eine bequeme Position ein und atmen Sie ein paar Male tief ein und aus.
- Überlegen Sie, von welchen Problemen Sie sich befreien wollen.
- Übergeben Sie dann das oder die Probleme, wie zum Beispiel Ängste, zornige Gefühle, Sorgen, Kümmernisse, Depressionen, Schuldgefühle und Ihre unerfüllten Wünsche, Bedürfnisse, Hoffnungen und Ansprüche Ihrem Höheren Selbst.
- Sie können sich dieses Loslassen, zum Beispiel von Schuldgefühlen, mit Hilfe innerer Bilder vorstellen, es fühlen, spüren und auch laut die entsprechend formulierte Bitte äußern, zum Beispiel: »Ich übergebe all meine Schuldgefühle meinem Höheren Selbst.«
- Meist werden Sie danach ein Gefühl der inneren Ruhe wahrnehmen. Bleiben Sie etwas bei diesem Gefühl. Gehen Sie dann noch einen Schritt weiter:
- Zur Bekräftigung sprechen Sie den Satz: »Ich vertraue, dass das Richtige geschieht.«

Lassen Sie sich einfach von der Wirkung dieser Übung überraschen!

Literatur

Bäurle, Roland: *Körpertypen. Vom Typentrauma zum Traumtypen.* Simon & Leutner, Berlin 1988.

Brennan, Barbara Ann: *Licht-Arbeit. Das Standardwerk der Heilung mit Energiefeldern.* Goldmann, München 1998.

Brennan, Barbara Ann: *Licht-Heilung. Der Prozess der Genesung auf allen Ebenen von Körper, Gefühl und Geist.* Goldmann, München 1994.

Bruyere, Rosalyn L.: *Das Geheimnis der Chakras. Unsere Licht- und Energiezentren.* Heyne, München 2000.

Denning, Melita / Phillips, Osborne: *Psychischer Selbstschutz. Die Entwicklung positiver Kräfte.* Hermann Bauer, Freiburg im Breisgau 2000.

Hall, Judy: *Selbstschutz durch Geisteskraft.* Aquamarin, Grafing 1998

Kurtz, Ron: *Körperzentrierte Psychotherapie. Die Hakomi-Methode.* Synthesis, Essen 1988.

Lowen, Alexander: *Körperausdruck und Persönlichkeit. Grundlagen und Praxis der Bioenergetik.* Goldmann, München 1992.

Pierrakos, John: *Core Energetik. Zentrum deiner Lebenskraft.* Synthesis, Essen 1987.

Reich, Wilhelm: *Charakteranalyse.* Kiepenheuer, Köln 1989.

Reyo, Zulma: *Innere Alchemie. Der Weg der Meisterschaft.* Hermann Bauer, Freiburg im Breisgau 1995.

Sharamon, Shalila / Baginski, Bodo J.: *Das Chakra-Handbuch. Vom grundlegenden Verständnis zur praktischen Anwendung.* Windpferd, Durach 1999.

Weltzien, Diane von (Hrsg.): *Das große Praxisbuch der Aura- und Chakra-Arbeit.* Goldmann, München 1993.

Dank

Ohne die emotionale Unterstützung und Hilfe vieler Menschen wäre dieses Buch nie zustande gekommen. So möchte ich mich bei meinen Patienten, Seminarteilnehmern, meiner Familie und all den Freunden bedanken.

Besonderer Dank gilt Olivia Baerend, die Vertrauen in mich setzte und sehr viel Geduld mit mir zeigte, Christine Stecher, die die Idee zu diesem Buch hatte und es lektorierte, sowie Friedrich Schüler, der mich während der ganzen Entstehungszeit begleitete und von dessen großem Wissen ich profitierte. Mein Dank geht zudem an Martina Pühl-Bennewitz, Renate Ewald und Christoph Schraivogel – sowie an Ronald Buck für sein großes Engagement bei der Gestaltung der Grafiken.

Harald Jordan

Orte heilen

Die energetische Beziehung zwischen dem Menschen und seinem Wohnort

Harald Jordan beschreibt, welche speziellen Kräfte an Wohnorten wirken und wie wir diese erkennen. Anschaulich beschreibt er, mit welchen Maßnahmen wir Orte zu heilen vermögen und wie wir selbst deren heilenden Einfluss erfahren und nutzen können.

Doris Iding

Die heilende Kraft des bewussten Atmens

Vital, ausgeglichen und entspannt im Alltag

Das bewusste Atmen lässt uns das eigene Wesen neu entdecken, nie geahnte Kräfte erschließen und Energieströme lenken. Doris Iding zeigt, wie wir Körper- und Atemräume neu wahrnehmen können und durch die heilende Kraft des Atmens zu mehr Ruhe und Gelassenheit, Gesundheit und Lebensfreude gelangen.

Knaur MensSana

Erhard F. Freitag

Heilende Gedanken

Affirmationen für ein erfülltes Leben

Dieses Buch lädt dazu ein, sich täglich mit positiven Gedanken zu stärken, um das bislang Unerreichte möglich zu machen – in allen Lebensbereichen. Es bietet eine Auswahl hilfreicher Affirmationen für mehr Lebensfreude, stabile Gesundheit, ein besseres Miteinander in Liebe und Freundschaft sowie Erfolg.

Martina Kaiser

Rituale – Quellen der Kraft

Durch Rituale gelingt es uns, die Herausforderungen des Alltags mit Kreativität und Freude anzugehen und Lebensübergänge zu verstehen – etwa Berufswahl, Heirat, Elternschaft, Tod. Martina Kaiser beschreibt anschaulich das Wesen von Ritualen und wie man selbst welche erschaffen kann.